日本の宿

日本の宿

宮本常一

八坂書房

目次

一　旅する人びと

回帰性移動

「おくのほそ道」の巻頭に、芭蕉は

「月日は百代の過客にして、行きかふ年もまた旅人なり。舟の上に生涯をうかべ、馬の口とらえて老をむかうるものは、日々旅にして旅をすみかとす。古人も多く旅に死せるあり。」

としるしている。まさにその通りであり、人生はまた長い旅なのである。人は平和をもとめ、おちついた生活をたてたいために一定の場所に自分の住むべき場所を見つけ、自分の生きる世界を築いて来たのであるが、そのためにはどれほど多くの苦労と努力をかさねて来たことか。

いま住んでいる場所にすでに人があまるほどおれば、あたらしく生き得る場をさがしてあるかねばならないし、また一定の場所に住んでいても、そこだけでは生活を十分たてることのできない場合は、時に他へ稼ぎに行かなければならない。あるいはまた飢饉や天災や戦乱のためにその住む土地を追われて、他へ移って行かなければならぬ人も少なくなかった。

家々の歴史について見ても、一つ場所に五百年千年と住みついて来たという家は何ほども見当らない。人は転々として住いを移して来ているのである。そしてそれは古い時代ほどはなはだしかったと

銅鐸の絵・狩りする人

思われる。

人がまだ農耕の技術を十分持っていない時代には木の実や草の実をもとめ、また野獣や魚介をもとめ、それを食料にして生きていたとすれば、それらのものは必要なときにいつでもとれるというものは少なく、時期が来なければ熟さないし、魚のようなものはある時期が来なければやって来ないものが多かった。だから食料の採取のために移動しなければならなかったはずで、それには一定の根拠地をもち、そこを中心にして定期的な回帰性移動をしていたものと思われる。それを立証するような資料はいくらでものこっているし、またそういう生活は今日も見られる。たとえば九州山脈の中には、箕や籠をつくってあるく仲間の移動が見られる。その根拠地は宮崎県の山中であるが、春さきになると、ふるさとの村を出て、南の方から西へ、そこから北へまわって夏のころにはまたふるさとへ帰っていくようである。いくつもの群になって、それぞれのコースをたどって得意先の村々を訪れて籠づくりや修繕の仕事をし、また川魚をとって売って旅をつづける。決して民家へはとまらず、人里はなれたところに野宿し、自炊しつつ移動する。阿蘇地方の民家をおとずれると、どこの家にも実に美しいいろいろの籠がある。たいていはこの仲間のつくったものである。その仲間の一部が阿蘇の東南麓、馬見原のいま蘇陽峡とよばれる深い峡谷の底に三〇〇戸ほど定住する。この人たちがあらたに定住するとすれば、そういうところよりほかに住みつく世界はなかったのであろう。定住のはじまったのは今から一〇〇年近く前からのことであった。

　クマやシカをもとめてあるく秋田のマタギたちも、ずいぶん方々をまわっている。「秋山紀行」（一八二八）を見ると、この仲間は新潟県と長野県にまたがる秋山の峡谷をさかのぼり、群馬県の六合《くに》村から草津温泉あたりまで獲物をもとめてあるいている。ただしこの山中でとるものは野獣よりは川魚が多く、それを草津の温泉客に売っている。夜は仮小屋を作ってそこに寝る。小屋は前に二本の又木をたて、桁をわたし、前は高く、後は低く、九尺四方位にかけ、細木を渡し、大木の皮で屋根を葺き、うしろはふさぐが三方は明けはなしで、敷物は草、その上に、寝ござ一枚を敷く。上にはイノシシ、クマの皮の日ごろ着物として用いているものを着て寝る。蚊はいないが、ノミは多くて、刺されて寝かねることがあるという。

　こうして秋田北部の阿仁地方から、山の中の道を狩をおこないつつたどりたどって群馬あたりまで来て冬を越し、あたたかくなると秋田へ帰っていくという。

　奈良県吉野山中の狩人なども、昔は山口県あたりまで狩に出かけていったというから、その行動半径はかなり広いものであったことが知られる。

　食料をもとめ、獲物を追うだけでなく、冬寒いときはあたたかい所ですごし、夏は涼しいところをもとめての移動も見られた。新潟県佐渡へいくと、厩にも夏厩と冬厩のある家が多く、その夏厩が山地につくられているのを見かけることがある。これは牛馬の場合ばかりでなく、人にもそれが見られて、夏居、冬居という地名ものこっている。石川県白山麓や奈良県吉野山中では、冬は村の家におり、春になると山地の小屋に移って焼畑耕作をおこない、秋になると帰って来る生活をたてているものがもとは多かった。

それは古くからの生活の名残だったのであるが、時代がさかのぼるほどそういう生活をたてているものの数が多かった。ただこれらの人たちが旅人としての他人の眼に容易に映らなかったのは、すべて自分たちで仮屋をつくってそこに寝泊りし、また自炊していたためであった。

新しい世界を求めて

こうして自分の家を持ち、他で働いていてもまた自分の家へ帰って来る放浪生活者もあったが、中にはふるさとを捨ててふたたびもとの所へ帰って来ない者もすくなくなかった。飢饉や天災や戦争がそうさせたのであるが、今住んでいるところよりはもっといい所があるだろうとの夢をもっていた。そのような移動も古代ほど多かったのではないかと思われる。とくに古代にあっては大陸から日本へわたって来た人びとが少なくなかった。日本が朝鮮半島と深い交渉をもつようになった三世紀のころからであった。応神天皇の七年（二〇七）には高麗、百済、任那、新羅人などがたくさん帰化したので、この人たちに池をつくらせ、これを韓人《からひと》池と名付けたというが、それ以後来朝帰化するものが相ついだ。阿直岐《あちき》や阿知使主《あちのおみ》のような文字を知り、また機織の術を知る者や、弓月君のように養蚕の技術を持った者が、それぞれ多くの人をひきいてやって来た。ことに弓月君は一二〇県の民をひきいて来たという。一県というのは今日の一部落程度のものであったと思われるが、その人たちの来朝帰化によって素朴な採取経済から耕作や工芸文化を生み出して来はじめる。しかもそのような来朝者ははじめは近畿地方に多く定住したが、天智天皇の御代からは東国に移されるものが多かった。欽明天皇の二十五年（五六四）に帰化した新羅人は大阪府三島郡、二十六年に帰化した高麗人は京都府におかれ、また天智天皇の四年（六六五）帰化の百済人四〇〇人は近江（滋賀県）神崎郡におかれたが、それ以後は東国が多くなる。すなわち、天智帝の五年（六六六）に来た百済人二〇〇〇人は東国に移している。この頃の朝鮮半島は唐軍の侵略があって、これにしたがわぬものは故国を捨てて日本に来ざるを得なかった。同じく八年（六六九）には百済人七〇〇の帰化があり、これを近江の蒲生郡においた。

ついで天武天皇の十三年（六八四）には百済の帰化僧たちを武蔵におき、持統天皇の元年（六八七）には高麗人五六人を常陸（茨城県）、新羅人一四人を下野（栃木県）に、新羅僧尼ら二二人を武蔵に居らしめたという。

多胡碑

その後霊亀三年（七一七）には駿河、相模、上総、下総、常陸、下野にいた高麗人一七九九人を武蔵に移している。こうした人びとの移住によって多胡郡、甘羅（漢）郡、高麗郡、新羅郡などが上野（群馬）、武蔵（埼玉）におかれたのであるが、この地に移住した半島からの移住者は実際にはさらに多かったと思う。

その人たちはどの道すじをとり、どのようにしてこの地方へやって来たのであろうか。馬車

下加茂神社

も何もないのだから、せいぜい馬に荷をつける程度で、野宿を重ねながら山坂こえて東へ東へと進んで来たものであろう。

また、弓月君の子孫は後に秦《はた》氏と称し、その居住したところにはハタ郷の地名が付せられたが、それを「倭名抄」でしらべて見ると、山城（京都）・大和（奈良）・河内・摂津（大阪）・遠江（静岡）・相模（神奈川）・武蔵（埼玉）・出雲（島根）・備前・備中（岡山）・淡路（兵庫）・肥後（熊本）の一二ヵ国にわたっているのである。

これとは反対に東北にいた蝦夷を移してつくった俘囚（または夷俘）郷が、上野（群馬）に二つ、播磨に二つ、周防に一つ、合計五つあるから、それらの郷にはたくさんの蝦夷が在住したと思われる。

このようにとくに目立つ人びとの移住さえそうとうの数にのぼっていたのであるから、一般民衆の移動した数はさらに多かったものであろうと推定される。それは一つ一つの姓氏と、その分布を見てゆけばおのずからわかって来ることであり、さらに地名など検討していっても、あるいは賀茂郡・加茂郷など、全国で三一の多きにのぼっており、また海岸に多く分布している海部・海士郷も太平洋岸は東は上総（千葉）、日本海岸は越前（福井）にまで見られるが、南の方からしだいに東へまた北へと移動していったものであろう。それはアメリカにおける西部開拓史のようにはなばなしいものではなかったであろうし、またもっと長い年数を要したものであったが、とにかく未開拓の世界をもとめて人びとはこの島国の隅々にまで住みついていったのであり、同時にその人たちはどこかに先祖の住んでいたふるさとを持っていた。それが北の方にあったものもあり、また南の方にあった者もある。が、とにかくそれらが入りみだれて住みつき、一つの国家をつくりあげていったのだが、統一的な国家ができあがっていくには民衆が定住することが何より必要であり、その民衆を定住させたのは農耕文化であった。

交易と往来

日本の農耕文化は稲作が中心になった。その稲作のまえに焼畑や定畑などの畑作がおこなわれたことが考えられるけれども、雨がよく降り、また低湿な土地がいたるところに分布していることから、そういうところを利用して水田が次々とひらかれていった。昔の米は実がこぼれやすかったから、その実のこぼれがないように、できるだけ風あたりの少ないところがえらばれて田がひらかれた。大和・山城・河内南部のように山にとりかこまれたところにはたくさん人が住み、多くの水田がひらけ、やがてそこに強力な豪族が生れ、ついで国家を統一していったのも、きわめて必然的なことであったと言ってよかった。

さて、農耕を中心にした統一国家が生れるにはいろいろの条件があった。まず米をつくるとして、籾《もみ》まきから刈りとりまで、みんなが思い思いにやるよりも、日を定め、またおたがいに助けあってやる方が能率もあがり収穫もあがるはずである。それには暦を定め、暦の日にしたがって、いつ頃は田

もともとその初めは定住性が弱かっただけに、自分たちにほしいものがあると、それをもとめてどこまでも出かけていくだけの勇気と根気だけはあったし、また、どこに定住しなければならぬということもなかったはずで、行くところが自分の住居でありふるさとであると言ってもよかった。

しかし日本が島であるために、島の外へ出ることは少なくて、この島のなかをおたがいに移動しつつ交易をくりかえして、いろいろの自分たち以外の世界に接触をもっていったものと思われる。

国家統一と道路

そうした中へ早く統一国家が育って来ても不思議はない。ただ、いままで狩をしたり自然採取をしたり、交易をおこなったりするために往来した道のほかに、中央政府の武力や威力を伝えるための道が中央から地方へひらかれることになったのである。そのはじめは前一世紀ごろ。崇神天皇の十年に四道将軍をつかわしたことが「日本書紀」に見えているが、そのころから東海・北陸・山陰・山陽への道がひらかれていたのではないかと思われる。

しかも中央政府を成立させた者は、石器や青銅器のほかに鉄器がつかわれはじめ、鉄の利用を最初にもっとも巧みにおこなった人びとであったと思われる。鉄のことは「魏志」や「後漢書」の東夷伝に見えていて、弁韓や辰韓からこれを産し、百済や日本がこれをとり、いろいろの交易は鉄をもっておこなっているとしるされている。鉄が銭のかわりであったわけであるが、鉄は武器としても、農具、工具としても鋭利で、鉄をより多く持つ者が、より高い文化を持つことになる。国家統一を完成させたのは鉄を持った人びとであったと考えられる。そしてそれが水田耕作の技術をも発達させ、やがて土木工事をもおこしていくことになる。鍬・鎌・鋸・犂・鑿などを発達させたからである。

しかも朝鮮から鍛冶職人の渡来があり、日本でも鉄鉱の採掘と精錬が盛んになって来ると、それを生産のために盛んに利用することになり、条里制のような農業土木工事が全国的におこされるとともに道路の開鑿工事もすすんで来る。そして孝徳天皇の大化二年（六四六）の正月には駅馬・伝馬の制をもうけ、駅鈴と伝符を授け、国々と関所には鈴契を与えた。そして道路工事をおこしたのである。

古い鉄斧

隠岐の駅鈴と伝符

道路の制度がはっきりきまったのは大宝三年（七〇三）で、日本を五八国三島にわかち、これを畿内および東海・東山・北陸・山陰・山陽・南海・西海の七道に分属し、幹線道路でつらね、国国の国府をつないだ。これらの道を交通量によって大中小の三等にわけ、京から大宰府にいたる山陽道が大路であった。しかしその道すら、「万葉集」にもあるごとく

周防なる岩国山を越ゆる日は手向けよくせよ荒しその路

とうたわねばならぬようなところが多かったのである。中路は東海・東山道であり、他は小路であった。

諸道には駅をおいた。駅と駅の間隔は三〇里であったが、この三〇里は今日のそれとは大いに違う。当時は五尺を一歩とし、三〇〇歩を一里とした。曲尺《かね》の六尺と見て差支えない。すると三〇

〇歩は三〇〇間のことであり、五丁ほどになる。三〇里は一五〇丁で、今の四里六丁、すなわち四里くらいの間隔をおいて駅がつくられた。しかし、もともと集落のあるところを駅にする場合が多いから、この間隔は正しく守られたものではない。

さて駅には一人の駅長をおく。駅長になる者はそのあたりでも家族も多く才幹のあるもので、終身官であり、課役は免除せられていた。駅は何戸かの駅戸からなっており、駅戸には駅子がいる。駅戸の任務を負わされた成年男子で、駅の大きさによってその人数はかわっていた。たとえば美濃（岐阜）坂本駅は駅子が二一五人もいた。この駅は神坂《みさか》峠の西麓にあり、神坂峠はアルプスをこえて信濃（長野）の伊那谷に下るものであり、東山道中最大最高の峠であった。その他の駅ではだいたい一二〇人位居たものと思われる。一戸から三人出るとして駅戸は四〇戸くらいあったことがわかる。

駅戸の役目は馬を飼うことで、一戸一頭を割りあてられたが、大路は二〇匹、中路は一〇匹、小路は五匹であった。したがって駅戸のすべてが馬を飼ったわけではない。次に駅使が往来するとき、駅子が交代でこれに随行しなければならなかった。神坂のような峠をこえるのには駅子にとっては大きな負担であった。つぎに駅では蓑笠をととのえておかなければならなかったし、また駅田を耕作しなければならなかった。駅に要する費用は駅田の収穫をあてたのである。駅田は大路に四町、中路に三町、小路に二町歩であった。

駅にはそれぞれ駅舎をもうけてあった。そこは駅長が事務をとるところであり、また駅馬をつなぐ厩もあり、調度や食料をいれておく倉もあった。駅使の来たときはとまるような設備もしてあった。しかしきわめて粗末なものであったらしく、山陽道の駅舎は外人の客も多く往来して人の目によくつくから、たびたび修理するように、また瓦葺で白壁でつくるよう指示せられている。したがって山陽道だけは駅舎は最高の建築技術によって造られたものであった。

このほかに川のほとりには水駅もおかれたのである。

このように書いて来ると、いかにもりっぱな道がつくられ、人の往来も楽になったように思われるが、それは官の命をうけて旅する人たちのみであり、一般民衆にとっては、道がややよくなった程度で旅そのものが決して楽になったわけではない。依然として不便きわまる苦労の多い旅であった。その中で官命とは別に自分自身のいろいろの用事で旅をしなければならない人たちがいた。あるいは税をおさめるために旅をする者も少なくなかった。それらのことは「万葉集」の中に見えたたくさんの旅の歌をよめばわかる。

貴族の遊行

道がととのってたいしてまようこともなくてあるけるようになると、人は思いのほか公務に拘束せられない旅をするものである。とくに喜ばれたのは湯治の旅であったらしい。舒明天皇はその十年（六三八）十月に摂津有馬の湯にいっているが、滞在は翌年の正月におよんだ。およそ三ヵ月であったから単なる遊山ではなく療養のためであったと思われる。そのために有馬に仮殿をつくってそこにいたのである。ついで十一年十二月には伊予の湯に行幸している。今の道後温泉である。十二年四月まで居た。その間ひたすら湯治していたものと思われる。

斉明天皇の三年（六五七）には有間皇子が療養のためと言って紀伊（和歌山）の牟婁《むろ》の湯にいって

道後温泉

いる。今の鉛山温泉であろう。この湯へは貴族の湯治が盛んにおこなわれたもののごとく、「万葉集」には斉明天皇の四年（六五八）十月に天皇が行幸して五年正月まで滞在しており、さらに、天智天皇も皇后とともに行幸している。そのときの皇后の歌に

わが夫子《せこ》は仮廬《かりほ》つくらす草《かや》なくば小松が
　下の草を刈らさね

というのがある。天皇の行幸といえども旅のやどりには仮屋をつくったのであって駅舎のようなところにとまったのではなかったことが知られる。

そのような不便をしのんでも、湯治の旅はたのしいものであったようである。持統天皇もその四年（六九〇）に紀伊に行幸しているが、これも牟婁の湯に出かけたものではなかっただろうか。持統帝についで文武天皇も大宝元年（七〇一）に持統上皇とともに牟婁温泉にあそんでいる。

また伊予の湯へは六六一年（斉明七年）に百済救済の兵をすすめるために、天皇皇太子が九州へ下る途中に立ち寄っている。

天武天皇もその十四年（六八五）、信濃の束間《つかま》の湯に行幸しようとして軽部足瀬らをつかわして行宮

をつくらせたが、この行幸は実現しなかったようである。

関東でも下野（栃木）の那須の湯は早くから知られていた。天平十年（七三八）の駿河（静岡）の正税帳によると、病気静養のために小野牛養というものが、この湯へ湯治にいっている。従者は一二人にものぼっており、その旅行に必要な食料を国から給与されている。小野牛養は官吏として政府に仕えた者であるが、それがはるばる那須の湯まで出かけたのである。

那須温泉

このように方々の温泉がすでに京にもきこえており、そこへの療養の旅が貴族の間にもおこなわれていたのは興のあるところであるが、温泉の名はこのほかにももっと多く知られていたであろうと思われる。が都へ近いのは有馬の湯であり、有馬の湯への湯治はしばしばおこなわれたのである。
それはひとり帝王貴族のみならず、民衆も同様であり、むしろ温泉は庶民一般が最初これを利用したものであったことは後にくわしくふれてみたい。
そのほか貴族たちは方々へ出かけていっている。それは国々の風景をたのしみ、また狩などをするためのもので、海の上の空の雲を夕日が朱にそめているのにおどろきの眼を見はったり、つばきの花が川の上にさきほこっているのに見とれたり、萩の花のさきほこる野を馬をかけめぐらして喜んだりするような、自然にひたり、自然の美しさの中にとけこんでしまうような時を持つための旅であったとも言えるのだが、それでいて夜ともなれば草原に野宿するようなことが多く、

東《ひんがし》の野にかぎろいのたつ見えてかえり見すれば月かたぶきぬ

といったような大自然の中で一夜をあかすことが多かったのである。

貴族の遊行の目的はそうしたものだけであっただろうか。もっといろいろのものがあったはずである。美しい娘をもとめてあるくことも旅の大切な目的の一つであったようである。「古事記」の神話の中に、八十神《やそがみ》が因幡の八上媛《やかみひめ》のところへ結婚を申しこみにいく話がある。出雲から因幡への道は遠い。だがこの話は単なる神話だとして事実を否定すべきものではない。

いちいちの例をあげるとわずらわしいからほんの二、三の例をあげるにとどめることにするが、たとえば孝元天皇は何人かの妃をもちその中には河内の青玉の女、尾張連の祖のオオナビの妹、紀伊国造のウズヒコの妹などがいた。その次の開化天皇には丹波の大県主の娘、葛城のタルミ宿弥の娘、山代（城）のエナツ媛、近江の三山の祝《はふり》がおまつりしている天の御影の神の女、丹波の川上のマスノイラツメ、葛城のタカヌカ媛などを妃にして多くの子を生ませている。

かりにこれらの天皇は伝説の中の人であるとしても、歴史上すでに存在の確実であるとせられている天皇にも、なお数人の妃があり、その中には大和以外に住んでいる豪族の娘であるものが少なくない。これはそうした娘たちを国々の豪族から奉らしめたものか、天皇自らがさがしもとめてあるいたものか十分明らかではないが、もともとは貴族が地方豪族の娘をもとめてあるく習俗があったと見られるのである。そして美しい娘があるといえば、どこまでも求めてあるいたもののごとく、八十神が、

八上媛を求めていく話も、そうした習俗があって語り伝えられたものであろう。「万葉集」の巻頭にある

籠《こ》もよ　み籠持ち　掘串《ふぐし》もよ　み掘串持ち　この岡に　菜つます子　家聞かな
名のらさね　そらみつ　大和の国は　おしなべて　われこそおれ　しきなべて
われこそおれ　われこそは　のらめ　家をも名をも

という雄略天皇の歌は女にプロポーズしたものとして知られているが、このようにして男女は結ばれていったのである。女がその名を名乗るということは相手の男にすべてをゆるすことであった。またこのような婚姻によって地方豪族との連携もでき、統一国家の統治をおこなうことができたのであった。

しかし天皇の力がつよくなって来ると地方を遊行して娘をもとめるのではなく、地方豪族から娘を奉らしめるようになってくる。天武天皇の八年（六七九）八月には詔勅《しょうちょく》を下して「諸氏女人を奉れ」と言っている。坐してよき女を求め、その上地方豪族の勢力と結ぶようになって来るのである。

美女のもてなし

庶民もまた貴族のこうした振舞をうけ入れる習俗をもっていた。これはまた日本の旅には重要な意味をもっていたのである。

時代は下るが、美濃（岐阜）の青墓の長者の大炊《おおい》の姉は保元の乱（一一五六）に敗れて殺された源為義の妾であった。そして為義との間の四人の子があったが、大炊の兄の内記平太政遠が殺されたと

き、乙若らも自害した。また、「平治物語」によるとおなじ青墓の長者の娘の延寿は、為義の子義朝に愛せられていた。為義と義朝は親子でありながら、保元の乱には敵味方に別れて争い、子が親を殺さねばならなくなった。それからわずか三年後の平治の乱（一一五九）には義朝はかつての味方であった平清盛と争って敗れ、美濃国で殺されてしまうが、延寿との間には夜叉御前という娘があった。こうして青墓の長者の一族は源氏の武将たちと女を通じて結びついていた。そういう例はほかにも少なくなかったようであり、地方豪族の娘たちは中央貴族の子を生むことをほこりにしていたようである。池田宿の長者の娘熊野《ゆや》は平宗盛が国の守をしていたときに愛せられ、妾となって都へ連れてゆかれたし、曾我十郎の愛人であった虎御前は大磯の長者の娘であった。

長者といわれるような者は貴人の遊行があれば、その娘を応待のためにそばにはべらせたのであるが、そうした女の居ないときは遊女をはべらせることもあり、また自分の妻をして接待させることもあった。

さらに時代は下るが、応永二十七年（一四二〇）日本をおとずれた朝鮮の使者老松堂の「日本行録」に、

「毎年ある月のある日将軍が家来の家へゆく。するとその家では主人が妻をしたがえて迎えに出る。将軍は管領やその他の武人をしたがえてやって来る。主婦は将軍を迎えて家の中にみちびき、御馳走を出してもてなす。その間、夫である主人は室の外にあって将軍の家来たちをもてなす。一方室の中で御馳走になっている将軍が酒がまわって酔って来ると、主婦は将軍を湯殿に案内する。そして将軍の垢をおとす。これはずっと昔から日本に伝えられている貴族もてなしの方法である」

虎御前の墓

という興味ある一節がある。もとよりその間将軍と家来の妻とは肉体的にも通じあうわけで、もし妊娠すれば殿中に入って子を生み、主人の方は別に改めて妻を迎えるのである。そのような実例のあったことをもあわせてしるしている。当時の将軍は足利義持であった。

この場合には家来の妻は将軍の妻として殿中に入るのであるが、入らない場合もまた少なくなかったであろう。青墓の長者の娘の場合もそれであった。

都の貴族にとって旅のたのしかったのはこうしたことも原因していたであろう。と同時に、地方の豪族たちは、そうしたことによって中央へ何らかの血のつながりを持つこともできたのである。貴族にかぎらず、庶民の間にもそのような習俗は見られた。

明治の終り頃まで僻地をあるいておればそうした事実に出逢ったものであるという。若い娘に旅人の接待をさせ、夜はその枕辺にはべらせた。それを「お種頂戴」などと言っていたものであった。私よりも早く全国を民俗調査のために旅行した先輩の一人からきいた話だが、大正の終り頃、三河（愛知）の山中で、日暮に宿屋のないところで宿をたのむと、部落総代のところへ行けという。部落総代の家へいくと、「しばらく待って呉れ」と言って外へ出ていった。その人は仕方なしに外でまっていると、総代は若い娘を一人つれて来た。さてそれから娘はかいがいしく男の世話をしてくれる。夕飯をつくり風呂をわかし、風呂へはいると背中も流してくれた。夕飯のとき事情をきいて見ると、この家の娘ではなく、近所の家の娘であるという。そして、村へ大事な客のやって来たときには若い娘が、このように接待のために引き出されるのだという。さて夕飯もすみ、床ものべてくれた。娘の方は隣の部屋に床をのべ、

「もう用事はございませんでしょうか」

とききへ

「何もない」

と答えると

「おやすみなさい」

と言って、部屋と部屋との間の唐紙を五寸ばかりあけて、自分の床へはいった。男の方も床に入った。男の床からは女の背が見える。キチンと閉めてくれればいいのにと思いながらも、閉めることがかえって娘を傷つけることにもなりはしないかと思って、そのままにしたが、どうにも心がおちつかなかった。

翌朝その宿を出て来たが、宿を出るまで娘は身のまわりのことをしてくれた。

その後何年かたっておなじ土地をもう一度訪れたとき、その話を村の別の人にすると、唐紙の間を

あけておくのは貴人に対するもてなしのしるしで、夜半しのんで来てもよいということであった。先輩が長い旅の間で出逢った経験はただそれだけであったというが、昭和になって旅をはじめた私にはそのような経験はない。そうしたもてなしの名残と思われるようなことには二度ほど出逢ったことがある。だから大正時代には止んでしまったことであろう。

遊女を発生させたのについては別にまたいろいろの原因があったことは事実であるが、貴人との婚姻の習俗がやがて職業的な女によって代行せられるようになったことに大きな動機があったと見られる。

庶民の旅

貴族の旅にくらべて、庶民の旅は言語に絶するほど辛いものであった。それは単に宿がないというだけではなく、食うものがなかったから食物を持って歩かねばならなかった。このような慣習はずっと後まで続いたものであった。だからよほどの用事でもなければ旅はしなかったはずであるが、それにもかかわらず、旅をしなければならない人が多かった。そして、しかも旅先で死ぬるものも多かった。「万葉集」の中にもそうした歌がいくつか見えていた。柿本人麿は実によく旅をした人であったが、讃岐（香川）の沙美島の磯に死んでいる人を見て、

妻もあらばつみてたげまし沙美の山　野の上のうはぎすぎにけらずや

という哀傷にみちた歌をつくっているが、その人麿もまた旅に死んだのであった。その最後の歌

鴨山の岩根しまけるわれをかも　知らにと妹が待ちつつあらむ

人麿神社（島根県益田市大字高津字鴨山）

愛妾のことをしのびつつ石見（島根）の国で死んでいっているのである。

しかも人びとは死によるけがれをきらった。地方の工事に狩り出され、やっと仕事を終えてふるさとへ帰る日に、病気のために急死した男があった。路頭に死体はよこたわっていた。するとそばの家の者が「なぜほかの場所で死なせないのか」といってなじった。ほんとうならば、仲間の者がとどまって死穢のお祓をしていくべきであるが、そんなことをしておれば費用もかかり、日数もかかる。今度は途中で自分たちも飢えなければならないから、死体はたいていそのまま捨てていった。（日本書紀）

もともと旅人そのものが穢れていると、村に住んでいる者たちは考えていたのである。旅の者さえやって来なければ村は平和であったが、旅から人が来ると、村には波乱がおこった。そういう者に食料を食いつぶされるとか、物を奪われるとか、また悪い病はたいてい旅人が持って来たものであった。だから政府の仕事に狩り出される旅人たちが道ばたで炊事することさえ、路傍の人たちはけがれるからと言って、よその道で炊事させるようにした。大化の改新の詔勅の中にはそのような悪習はやめなければいけないと言っているが、詔勅一つで庶民は旧来の慣習をやめることができたであろうか。

このようなことが問題になって対策のとられるようになったのは奈良に都が定められてからであった。すなわち和銅五年（七一二）の詔勅に

「諸国から課役や税を貢納するために都へやって来たもので、帰るときの食料がなくて途中で餓死する者がある。その対策として路上の適当な場所へ、国々の稲をたくわえておいて、役夫や運脚などの通るときに、それを食料としてあてるようにし、また一般の旅人も、この米を買うことによって食料を補給し、重い食料は持ちあるかないようにし、そのかわり、お金を持って歩くべきだ」

とさとしている。

じじつ、運脚たちは調や庸などを都へはこぶのに、自分たちの食料まで持ってあるくには荷が重すぎ、食料を少なくすれば、途中で食料がなくなってしまうおそれがある。当時は旅行に要する日数もずいぶんかかったもので、「延喜式」（九二七）によると、都へ一ばん遠い陸奥の国の国府から、荷物を持って都へ来るには五〇日、かえりは二五日が旅程とされていた。そして脚夫の食料は一日二升ということになっている。すると七五日では一石五斗になる。ところが一人で運ぶことのできる米の糧は五斗である。一石五斗をどうして運ぶことができよう。その上庸調の品物まで持ったのではどうすることもできない。そこでできるだけ食料をもって歩かない工夫をしなければならない。天平宝字元年（七五七）には諸国に令して京に常平倉《じょうへいそう》をおき、稲をたくわえて国に帰る脚夫の食料にあてることにした。

しかしこの問題は容易に解決しなかった。中央政府の勢力が強大になればなるほど、中央から地方

平城宮址

律令国家の芽生えて来た大化の頃（六四五）には日本の人口は郷の数が四〇〇〇余あったことからして一郷千人として四〇〇万ほどあったと推定せられるが、それから三〇〇年近くたった承平五年（九三五）頃すなわち「倭名抄」の書かれた頃には水田面積の広さから見て、少なくとも八〇〇万をこえる人口は住んでいたと見られる。この増加は考えようによってはすばらしいものであったと言っていい。多くの天災や凶作をくりかえしながら、また自然のきびしさに耐えて、医療施設や衛生思想も十分発達しない中で、これほど人口の増加を見たということは、それが増加していくだけの条件のあったことを忘れてはならない。

当時の記録を見れば律令政治のいろいろの破綻のあったことが目につく。たとえば三善清行の「意見封事」によると、備中（岡山）下道郡邇磨郷では課丁、すなわち課役を割りあてられる成年男子が八世紀中頃には一九〇〇人もいたものが、九世紀中頃には七〇人、九世紀終りには九人、十世紀初頭には一人あるなしの有様になったとしるされており、また延喜八年（九〇八）の周防（山口）玖珂郡玖珂郷の戸籍を見ると、三三六人中男子は八八人にすぎず、延喜二年（九〇二）の阿波（徳島）板野郡田上郷の戸籍でも五五〇人中男子は六七人にすぎなかったことになっている。現実問題として、はたしてこのようなことが有り得たであろうか。それは考えられぬことである。このような現象のおこったのは成年男子がみんな課役をおそれたからに外ならぬ。年が下るにつれて課役がしだいにふえ、民衆はそれに応ずることに耐えられなくなっていったのである。承和五年（八三八）五月安芸国（広島）からの言上によると安芸国が管理している駅家《えきか》は一一で、駅ごとに一二〇人の駅子をおいているけれども山路はけわしく、その上送迎がきわめて多くて他国の二倍も三倍も労力や費用がかかるから公倉の稲の中から三万一二〇〇束をさいてそれを民衆に貸しつけた利息を駅子らの食料にあてるようにしてほしいと願い出ているが、人がふえると往来する者もふえたであろうし、またさきにものべたように土木工事などに引出される回数も多くなったであろう。そういうことにはできるだけ避けることを工夫し、課役のかからぬ世界をもとめて流浪するものが相いついでふえていった。しかも開けば開く余地が国の中にはなおいくらでもあった。「令集解」をよんでいると

「他国に往来しても自分の国をすてず、課役は忠実にはたすものを浮浪といい、課役をはたさないで他国へ居住し、郷里の土地を捨ててしまう者を逃亡という」

とあるが、課役が重くなるにつれて逃亡がふえていくことになったのである。逃亡の多くなったのは課役の負担がふえたばかりでなく、公倉の米を借りて食い、その返還ができなくなって行方をくらましたものも少なくなかったのである。こうして浮浪、逃亡したものを浪人と言い、政府は浪人をふるさとに帰すためにいろいろの手段を講じたけれどもその効果はほとんど上らなかった。

とくに逃亡のはなはだしかったのは駅家の住民たちであったようである。道路を往来する者がふえ、それがそのまま駅子たちの重い負担になっていったからである。そして駅家の制度がまずくずれていった。駅家の制がくずれると、官吏の地方派遣は困難になって来る。それが国家の統制を弱めていっ

た。だがさきほども言ったごとく、人口はふえつつあったのである。そして人の往来はいよいよ多くなっていった。それではどのような方法で人びとは旅をつづけることができたのであろうか。

駅における駅戸の数は減っても、主要な道路の沿線に民家は減ったわけではない。むしろ家はぐんぐんふえつつあった。むしろ一般の旅人を相手にして宿を貸したり、たべるものを提供したりするような村がしだいにふえつつあったのである。そして主要な道路を行きかうものは浮浪逃亡の仲間ばかりでなく、商売を目的とする行商者などがぐんぐんふえていったのであった。それも決して細々としたものではなく、中には隊商を組んで出かけるものも見られた。

賤が布施屋

一般の旅人のために旅宿を設けるようにしたのは政府ではなく民間人であった。奈良時代のもっとも偉大な伝道者であった僧行基の年譜を見ると、天平十三年(七四一)のところに、山城(京都)乙訓郡大江里・相楽郡高麗里、摂津(兵庫)河辺郡昆陽里、摂津(大阪)豊島郡垂水里・同西成津守里、河内(大阪)交野郡楠葉里・丹比郡在原里、和泉(大阪)大鳥郡大鳥里・同郡土師里に布施屋をもうけてあったが、そのうちまともなものは三で、他は破損していると誌されている。つまり、天平十三年頃これら九の布施屋は行基によって旅行者の宿所として造られたものだが、年譜の書かれた頃には六つまでが荒廃に帰していたというのであろう。

行基はこのほかにその生涯のうちに四九の寺をたてている。それらの中には堂々たる伽藍であったものもあるが、中にはささやかなものもあり、それは信仰の中心地であったばかりでなく、旅人のた

布施屋（西行絵巻）

めに宿として提供されるものもあったようである。

このようにして民心を安定させることこそ正常な信仰をおこす道であると、行基は真剣に考えていたのである。

行基について、東大寺も天平宝字五年（七六一）大和（奈良）十市郡池上郷に布施屋をもうけている。この布施屋は十市布施屋とよばれたものであるが、宝亀二年（七七一）の記録に、敷地は七反二二五歩あり、一五間の板間が一棟、五間の草葺板屋一棟、おなじく五間の板屋が二棟、馬の胸衝、折薦畳、蓆などをそなえ、これらの建物のまわりにナツメ一七本、ヤナギ一九本、ナシ四本、エンジュ二本、クリ五本、モモ九本、カキ一本、ウメ一本、そのほかのものをあわせて果樹を八三本も植えており、それらの果樹の実はそこに泊る脚夫たちがとってたべてよいことになっていた。

とにかくこのような厚意ある施設が旅人のために造られるようになったが、その数はわずかばかりであり、それも近畿中心であり、しかも管理がわるいので荒れるにまかせるよりほかに方法がなかった。

しかしこのような厚意の芽生えはまたあとをつぐ者によって発展させられるものであった。天台僧最澄は東国巡行の途中、信濃の神坂峠のけわしさを見て、その両側の麓に広済院・広拯院という二つの布施屋をつくった。峠の東麓の広拯院のあとは今も月御堂という名でのこっている。

承和二年（八三五）には政府も美濃（岐阜）の墨俣川の両岸に布施屋をもうけた。また承和十一年（八四四）には相模介であった橘永範が自分の俸給で救急院をたてた。土地の広さは三反で周囲に築垣をめぐらし、屋敷の中には三間の板葺一棟、草葺一棟、五間の布施屋が一棟もうけられていた。そしてこの救急院を維持するために水田五〇町歩をつけたが、そのうち三〇町歩はまだ拓いてなかった。このような施設を維持するために、耕地をつけるのはあたりまえのことであったが、同時にそれには耕作者を必要としたのである。

このようにして九世紀に入ると、しだいに近畿以外にも旅人のための施設がもうけられるようになり、天長の頃（八二四―八三三）には武蔵多磨郡と入間郡の境に五棟の建物を持つ悲田処をたて、行路にたおれている飢や病になやむ者を収容した。

おなじころ九州大宰府では続命院というのをたてている。桧皮葺の家が七棟から成るもので、墾田一一四町歩を付けている。これは九国と壱岐・対馬二島の民が公私の所用で往来が相ついでいるが、いずれも大宰府での滞在が長びき、事務のわずかなものでも一ヵ月、たくさんある者になると一年もかかる。その間出府した者たちは府倉《ふそう》の床の下などに寝て日をすごさなければならなかった。そうでなければ民家を借りてそこで暮らす。そんなときもし病気にでもなれば手の施しようもない。その上死の忌をきらうことはたいへんなものであるから、家の中に置こうとしない。ついには道路の上にほうり出され風霜にさらされる。たとえ病気がなおるときがあっても、今度は飢や寒さにたえられなくなり一〇人のうち七、八人までは死んでいく。何としても見るにしのびない気の毒なさまなので続命院をたてて出府の者を飢や病から救いたい、志のある者は力なくとも幾分たりとも協力願いたい、と民間協力をあおいで建てたのであった。そしてその経営には大宰府の府監あるいは次官一人と、観世音寺の講師がこれにあたった。

都府楼址

しかし、統一国家ができて中央には奈良の都のような堂々たる都城のいとなまれているとき地方における一般旅人のための施設が一〇〇年間にわたってこの程度のものであったとすると、社会公共のための施設はほんとうに微々たるものであったことがわかる。だから、庶民にとって旅はいつまでたっても楽なものではなく、多くの危険がともなっていたのである。せめて路なりとよくしてくれるならありがたいと思うが、それすら工事におびただしい人を必要とする、何も彼も人力によらなければ工事はすすまない、するとそれが民衆にとっては重い負担になっていく。

そうした中にあってすこしずつ道の改修が進ん

木曽路

でいった。東山道中の一番難所は神坂峠であったが、これを避けるために木曽路がひらかれることになったのは大宝二年（七〇二）であったが、その完成には一二年を要して和銅六年（七一三）に開通している。その道すら桟道ばかり多くて危険きわまりないものであった。

　また天平九年（七三七）には陸奥の多賀城から、奥羽山脈を横切って、出羽（山形）の最上郡玉野にいたる横断道路がつくられ、両国をつなぐことになったが、岩をうがち、木を伐り、谷をうずめ、峯をめぐり難工事をすすめて完成するのである。これは蝦夷を防ぐための軍事上の目的からつくられたものであった。

　ずっと下って延暦二十一年（八〇二）には富士山の大爆発のために足柄道がすっかり砂に埋もれ、通過することができなくなったので、箱根山をこえる新道がきりひらかれた。そしてこの道が多く利用されるようになった。しかし、後には砂を徐々に取除いて足柄路も利用せられることになる。

民宿のおこり

「今昔物語」に美濃へゆく下衆男の話がある。近江の篠原までやって来ると雨が降って来て日も暮れはてた。その上、人里遠い野中なので立寄るべきところもない。よく見ると墓穴があるので、そこへ這い込んで休むことにした。そのうちすっかり暗くなったので奥の方へはいって休むことにした。するとまたこの穴の中へはいって来たものがある。何かわからぬが持ったものをそこにドサリとおき、次に蓑笠をぬぐ音がする。さらにまた何か手さぐりで、物をまつるようにしておく。そこでさきの男がそっと手でさわって見ると、餅を三枚おいている。ちょうど腹が減って困っていたので、それを音のせぬようにとってたべた。あとの男はその餅をさがしてそのあたりを手さぐりして見たが餅はなくなっている。おどろいて何も彼もすてて墓穴から這い出てどこかへ行ってしまった。

唐子古墳（埼玉県東松山）

　さきの男が手さぐりでしらべると、物の入った袋を鹿の皮で包んだものと蓑笠がある。さきの男は蓑笠を身につけ、包を持って墓穴を出ていった。途中で、あとの男に出あうと都合がわるいと思って人里はなれた山の中にはいっていると夜があけた。包をひらいて見ると、絹布や綿などを入れてある。多分は美濃あたりから京へ売りに行くためのものであったらしい。男は思いがけぬ品物を手にして美濃への旅をしたのであった。

　このように墓穴などは旅人のよい塒《ねぐら》になったのである。この墓穴というのは横穴式の円墳のようである。各地に見かけるものであるが、それらのほとんどは今日盗掘せられてしまっている。その盗掘の歴史は古いようで、篠原の墓穴もすでに盗掘せられていたのである。そして盗掘せられたあとは乞食の巣になったり、旅人の宿などに長い間利用せられて来たのであった。

とにかく一人歩きの旅人は食物なども十分持たず、夜は雨露をしのぐに足るところさえあればどこへでもとまったのである。

おなじ「今昔物語」に西の国の者が脚夫として京都へのぼって来る途中、播磨（兵庫）の印南野を通っているうちに日が暮れて、立寄る所もないので、方々さがしていると山田守る小さい庵があるので、その中へとまる話がある。もともとこれは山田守る庵ではなく、墓地にあるお堂だったのである。その頃この地方では墓地にお堂をたてる風習が見られた。そういうところが、時には旅人の宿として利用せられたのである。

後にもっとくわしくのべて見たいと思うけれども、「一遍聖絵」など見ていても、無住のお堂を宿にして一夜を明しているさまがいたるところに描かれている。

その次に多いのが一般民家にとめてもらうことであった。だからとまるべき場所は駅や宿場とはきまっていなかった。東国から京へのぼって来る人が尾張（愛知）の熱田の橋まで来て日が暮れ、宿をさがしていると人の住んでいない大きい家がある。すっかりあれはてて、空家になって久しいらしい。そこで馬から下りて中へはいり、主は床にあがって皮など敷いて寝た（今昔物語）。そういうことは旅人にとってはごくあたりまえのことであったようである。

また東国へいく者が、ある村で日が暮れたので、小さい家でしかもにぎやかな話声のする家へ立寄って宿を貸してくれと頼んだ。家の主は年老いた女で、客を客人居《まらうどい》と思われる部屋へ案内した。馬も厩へつないでくれた。食物は旅籠《はたご》に入れて持っていたので、それを出してたべた。平安時代の終り頃にはこのように食物さえ持っておれば、農民たちは比較的気安く旅人をとめるようにまでなっていた。旅人をおそれ、死穢におののいていた十世紀以前とはたいへんな相違であるが、それは一つには仏教の民間浸透が大きな影響を与えていると見られるのである。

死穢をおそれ、死穢におののいていた人たちに念仏をとなえさえすればその魂は極楽へ往生するものであると教えてから、人間は死後の世界のおそろしさと、美しさを区別して頭に描くことができるようになった。死穢につながるものは地獄の世界であり、人は生前のおこないと信心によって、極楽浄土へもゆけるようになると信ずるにいたったのである。そして庶民は死後の世界について真剣に考えるようになって来た。そして人の死後を美しからしめると考えられた僧侶たちは旅先でも宿を求めるときそれほど苦労をしなくてすむようになった。そうした実情を物語る話が「古今著聞集」に見えている。

天王寺

大阪天王寺の中間法師が京へのぼろうとして出かけ、途中で山伏と鋳物師と道連れになった。今津まで来ると日が暮れたので宿を求めるとすぐとめてくれた。家のあるじが遊女であったからでもあろうが、坊さんが同行しているということで相手は安心したようである。ただそれからさきが問題になる。女は塗籠《ぬりごめ》（寝室）

にはいってねたが、山伏が夜半に総髪を髻に結い、鋳物師の烏帽子をぬすんでかぶり、女の寝ているところにしのび込んで情を通じてしまい、烏帽子をのこして出て来、髪をもとの総髪にしておき、朝になると一人だけさきに立っていった。そこで主の遊君が鋳物師に昨夜の約束ごとをはたしてくれと話しかけ、鋳物師は身におぼえがないので申しひらきに困る話がある。このような始末のわるい旅人すら、法師が同行しておれば容易にとめたのであろう。

遊女の家ならずとも、民家で旅人をとめることはしだいにありふれたことになって来た。しかしこの場合には旅人はたいてい食物をもっており、それを旅籠《はたご》に入れているか、または餌袋に入れて持っていた。餌袋の中に入れてあるものは干飯、塩魚、干魚などが多かった。だが僧侶たちはそうした食物すら持ってあるかなくなって来る。

宿《しゅく》と遊女

人口の増加につれて旅するものの比重がかわって来る。そして行商者が多くなる。奈良の磐島という者は聖武天皇の世に大安寺の修多羅分という基金三〇貫を借りて越前（福井）の敦賀へ商売のため往復していた。奈良から敦賀への道は奈良坂をこえ、木津川の左岸を宇治までいって宇治橋をわたり、そこから山科を経て琵琶湖畔に出、唐崎から船で湖北にわたり、山越えに敦賀へ歩いたのである。そして陸路は馬を用いている。商人は寺の金を借り高い利子を払ってもなお利益をあげることができた。

また京で水銀をあきなう商人は水銀の産地である伊勢との間を往来したが、それには馬一〇〇頭あまりに絹糸・綿・米などをつけていったものである。あるいは美濃の豪家の若主人は七〇人あまりの従者をつれて敦賀へ旅行しているが、こうした旅人たちも夜ともなれば宿をもとめまた馬をつながねばならなかった。そうした場合には宿を貸した者に対してそうとうな謝礼をしなければならなかったはずである。またそのような客を相手にするのであれば官吏を泊めるよりは謝礼もよかったはずであり、官吏はとめずとも、商人をとめる家は少なくなかったのである。

重要な道路にそうて、旅人の宿泊を一つの目的とした村が、一二世紀のころから発達して来る。あるいはもっと古かったかもわからない。それを宿《しゅく》と言った。「平治物語」には近江森山宿・鏡宿・小野宿・美濃青墓宿などの名が見える。また「吾妻鏡」には尾張萱津宿・信濃保科宿・陸奥藤田宿の名が出ている。

足柄山

宿という名は見えていないけれども、寛仁四年（一〇二〇）、菅原孝標《たかすえ》の娘が上総の国から国司であった父が解任になって、つきしたがって京へかえって来る途中、足柄山の麓に宿ったとき、月もなく暗い夜に、五十ばかりの遊女と、二十ばかり、十四五ばかりの娘と三人が出て来て、庵のまえにからかさをひろげてたてた。男たちが火をともして見ると、昔こはたと言った遊女の孫であるという。髪がたいへん長く、額がひろく、色白く、下仕えしてもかなりの身分になれそうなしとやかさである。その声もたいへん美しく、よくひびいて夜のしじまをやぶった。人びとはすっかり心をうたれてしまった。

足柄の東の麓にはこうして人をとめる庵もあり、さらに五十ばかりの遊女の祖母にあたるものもそこで遊女をしていたというのであるから、ここにはささやかながら宿場らしいものが十世紀の中頃から芽生えていたのであろう。

また尾張と美濃の境にある墨俣をわたった西の野上、いまの関ヶ原の東のあたりにある里でも、遊女が出て来て夜一夜歌をうたった。遊女が職業化するほど人の往来が見られたことは、こうした旅行者の見聞によって知ることができるのであるが、さきにのべた旅する貴人に対しての女のもてなしが、やがて職業化するまでになって来たものであった。そして遊女の居るようなところは人の泊ることのできる宿《やど》もあったのである。

そうした宿をもっている者は、たいていその土地でも大きな財産を持つ長者とよばれる人びとであった。この人たちはもともと武人でも官吏でもなかった。多分は行き交う商人たちを相手に自分も商業をいとなみ、しだいに豪族化し、広い屋敷と家を持ち、下人もたくさん使用し、通りかかった旅人にも宿を貸したものと思われる。孝標の娘も近江坂田郡のおきながという人の家に四、五日宿ったとしるしているから、息長村の長者の家であったと思われる。

初めはただ行き暮れて困ったものに宿を貸す程度のものであっただろうが、後にはしだいに古い駅長のような役をはたすことになっていった。ただ駅長とちがうところは官吏にかぎってとめるのではなく誰でもとめたことであり、貴人が来れば娘か、または有縁の美女をはべらせてもてなしたのである。したがってそのような女たちの身分は必ずしも低いものではなかった。「大鏡」を見ると、宇多天

室の遊女（法然上人絵伝）

皇は川尻のうかれ女《め》白を召し、またうかれ女大江玉淵の娘に袿袴をたまわったとある。御堂関白道長は川尻の遊女の小観音を愛したといい、その子の頼長も江口の遊女中君を愛している。

京都の宮廷貴族たちも遊女には深い関心をもった。そのころ宮廷第一の学者と言われていた大江匡房は「遊女記」を書いているが、それは摂津神崎・蟹島などの遊女についてしるしたもので、これらの町は淀川の川口にあって、京都の貴族たちは船で淀川を下って来てここにあそび、さらにここから熊野などへの旅もしたのである。そうしたことから宿の長者たちは多くの女をかかえ、貴族へのもてなしをこととした。そこには門がならび、家がつらなっていて町をなし遊女たちは群をなして小舟にのって水の上をゆき、旅ゆく船にこぎ寄せて、枕席にはべる。その声はいかにもろうたけており、また歌ううた声は水の上をすべるように流れていく。旅する者もしばらくは家のことを忘れてしまう。こうした船が集《つど》いあって、水面をうずめつくしており、まさに天下の楽地であると匡房は言っている。遊

富士の裾野

女たちのもてなしのほどもうかがわれるのである。このようにはなやかな遊女のいたところには、おなじ淀川下流の江口があり、また播磨の室津があった。

頼朝によって元暦元年（一一八四）鎌倉に幕府がひらかれ、武家政治がはじまると、政治の中心は鎌倉にうつり、鎌倉を中心にして全国が動くようになり、それまで京都から九州にいたる山陽道がもっとも重要な道であったが、それ以後は京都と鎌倉を結ぶ東海道がもっとも重要になって来る。そして遊女のいる宿は東の方に発達する。建久四年（一一九三）頼朝が富士の裾野で巻狩をおこなったときはその旅館に黄瀬川や手越の遊女が群集していてたいへんはなやかな情景をつくり出した。頼朝はそれらの遊女を統制するために里見良成を遊君別当にし、武人たちもそれぞれなじみの女をつくったのである。曾我十郎は大磯の長者の娘虎御前となじみ、工藤祐経は手越少将とよぶ遊女とあそんでいる。頼朝にもまたなじみの遊女があったであろう。この巻狩の最中五月十五日の夜工藤祐経は、虎御前の手びきによって曾我十郎五郎のために討たれているが、こうした遊女たちがどんなに深く男に結びついているかを知ることができる。

巻狩のおこなわれる六年ほどまえの文治三年（一一八七）に頼朝が三浦義澄の家へいって酒宴をし

ていると信濃（長野）保科宿の長者が訴訟のためにやって来た。頼朝はさっそくその女に郢曲《えい》をうたわせた。保科は今はさびれはてているが、もとは鎌倉往還の宿であり、遊女もいたのである。そしてここでは宿の長者をしていたのは女であった。もともと長者は男であったが、遊女たちの世話をするのは長者の妻であり、長者の妻が後には長者とよばれるようになったのであろう。

このことは興のあることである。日本の宿屋では主人の名が明治の終りまでは女名儀になっていたものが多かった。また料亭などはいまも女が名儀人になっているものがきわめて多い。それらの伝統は古い宿《しゅく》の長者に発するものと見られるのである。

海道往来

しかし宿は駅のように主要道にそうてほぼ等間隔に発達したものではなく、まったく自然発生的なものであり、人の多く集まるところに発達したのである。だから旅する者は宿以外のところではいろいろの方法で宿のやどりをもとめた。

そうしたことについては昔の紀行文がいろいろのことを伝えてくれる。「更級日記」によると、寛仁四年（一〇二〇）に上総から京へのぼって来るあいだに四度ほど仮屋をつくった記事が見られる。門出したところは屋敷をめぐらす垣もなく、まったくかりそめの茅屋で蔀《しとみ》もなく簾《すだれ》をかけ幕をひいて間にあわせた。しかしそういう仮屋にとまっても心はゆたかであった。南ははるかに野の方を見やり、東西は海が近く、いかにもいいながめである。夕方になると霧がたちこめて来てそれがたいへんうれしいものであるから、朝寝はしないで、霧のこめた中を出発することにしたが、何か心にしむものが

旅の仮屋（石山寺縁起）

あったと書いている。

また武蔵に入っても仮屋をたててとまっているが、男手がないために仮屋は粗末で苫を一枚ふいただけの屋根だから月光がくまなく差し込んだ。そこで紅の衣を上に着て臥したが、さすがによく眠れなかった。さらに日をかさねて天竜川のほとりに来たときも仮屋をつくってしばらく日をすごした。一つは病気のためであったが、やっと元気になったのでまた旅をつづけることになった。

二村山の山中にとまった夜も大きな柿の木の下に仮屋をつくると一夜中庵の上に柿の実がおちかかって来たので、人びとは拾ってたのしんだ。こうした旅をかさねて京都に入るのである。

しかしそれから二〇〇年すぎた貞応二年（一二二三）「海道記」の著者が京都から鎌倉へ下っていった頃には、海道にそうて宿場は発達し仮屋をつくらねばならぬようなことはほとんどなかった。ただ「蒲原の宿に泊って菅《すが》薦《こも》の上に臥す」とか、「木瀬川の宿に泊って萱屋の下に休す」などという言葉が眼につく程度である。これは宿屋

がきわめて粗末であったことを物語るものである。そして足柄を東へ越えるまでは遊女に出あった記事もないが、

「関下の宿をすぎると宅をならべる住民は人を宿して生計をたて、窓によりかかってうたう女は客をとどめて一夜の夫にしている。あわれむべし千年の契を結ぶべきものを旅宿の一夜の夢に結び、生涯の楽しみとすべきことを往還の人びとの望みにまかせている」

といっている。「更級日記」の著者が通りすぎて以来、ここはなお栄えつづけていたことがわかる。それよりさらに二〇年おくれて仁治三年（一二四二）秋「東関紀行」の著者が鎌倉に下っているが、やはり宿《やど》には事かかなかったようである。そして三河赤坂の宿では大江定基がこの宿の女を深く愛したために妻子を捨てて家出したことを思い出している。

宿の建物はどこでもみな粗末であったらしく、浜名の宿はまえに一度とまったことがあるので寄って見ると、軒の古りた藁屋のところどころがまばらになって、その隙間から月かげがくもりなくさし入っている。そこへ遊君たちがやって来て、すこしおとなびたのが、「夜もすがら床の下にて晴天を見る」としのびやかにうたったのがいかにもおくゆかしかった。遊君たちの中には単に一夜妻として男を満足させるだけでなく、こうしたおくゆかしさを持ち風流を解する女が多かったようである。

旅人の方もまた風流を身につけた者が多かったのである。蒲原の宿で、おくれた人を待っていようとしてある家に立ち入ると障子に達筆で字が書いてある。読んで見ると、「旅衣すそ野の庵のさむしろにつもるもしるし富士の白雪」という歌であった。心ある旅人のしわざであろう。

この著者は足柄をこえず箱根をこえている。そして湯本にとまっているが、温泉のことはしるして

箱根湯本

いない。
著者は鎌倉をたつ日に宿の障子に
なれぬれば都をいそぐ今朝なれど
さすが名残の惜しき宿かな
と書いているが、こうして物に歌を書きつけることは風流人のならいだったのである。なおこの紀行には二つの注目すべき記述がある。一つは近江篠原をすぎたときのことで、
「都をたつ人はこの宿へとまったものであるが、今はうち過ぎてゆく者のみ多くて、家居もまばらになっている」
と言っており、他の一つは三河の豊河で、
「ある者の言うのをきくと、近頃にわかに渡津の今道という方を旅人が多く通るようになって、人びとはその家居を新しい海道ぞいに移すようになった。古きをすてて新しきにつくならいはきまったことであるが、やはり心にかかることである」
と言っており、交通上の変化が見られるとともに古制の駅がどのようにして衰微していったかという一端をうかがうことができる。
仁治からさらに三〇年あまりおくれて、建治三年（一二七七）に藤原為家の後妻阿仏尼が、為家の

死後領地を先妻の子に奪われたのをとり戻すために鎌倉幕府へ訴えようとして東海道を下っている。「十六夜日記」がその時の所産である。その旅はもう宿泊などにはそれほど苦労することもなかったさまがうかがわれる。そして日が暮れて歩いても盗賊におそわれることは少なかったらしく、

「二むら山をこえて行くに山も野もいと遠くて、日もくれはてぬ。八橋にとどまらんという。くらさに橋も見えずなりぬ」

としるしているように夜道をあるいているのである。そうしたときは松火を用意しておいて、ともしていったようである。

また手越の宿では何某の僧正が上京するといって大ぜいの人が道にあふれ、宿《やど》を借りかねていたが、それでも人のない宿もあった。このように一つの宿にも宿屋が何軒もつくられていた。

ただ歩くのみの旅は決して快適とは言えないけれども、とにかく人の多く往来する街道筋は鎌倉時代になると、宿の心配はそれほどしなくてもすむまでになっていた。但しそれはどこまでもかなり身分の高い人びとの旅においてであって、一般の者たちにとっては必ずしもそうではなかった。宿《しゅく》へとまって金を支払うよりは民家にとまって、旅費や食事を何とか節約しようとする者もいたのである。

三　信者の宿

怨霊からのがれて

新しい国家が成立し、つよい民族意識にもえているときは、身辺に少々の無理があっても、大目的のためにそれを克服していくものであるが、制度や機構がととのって一段落すると、こんどは矛盾がそのまま正面へ押し出されて来る。そうした中にあってもっとも厄介なのは人間関係であった。人間関係と言っても個人対個人の問題ではない。相争う者には背後の勢力があり、その勢力につきあげられてトップに立っているもの同士の争になる。それだけに深刻である。

一つの氏族が栄えるために、対立する氏族は追い落され没落していく。物部・蘇我・大伴・橘・佐伯・紀・菅原などの豪族が衰退していく中で、藤原氏がしだいに大きな勢力を持って来るが、それは天皇家とどのように結びついていくかという結びつきの密接さのあり方で、勢力の拡張が見られた。密接な結びつきとは人間的に、さらには血の上で結びついていくことである。単なる武力や財力によるものではなかった。それだけに人と人との争は陰にこもった形でなされた。讒言《ざんげん》・蔭口・中傷・軽侮・嘲笑・呪咀。それらはすべての人の感情をかきみだすような手段であった。

したがって追い落されたものの仕返しは怨霊・たたりなどの形であらわれて来る。勝てる者はその怨霊をしずめるために苦労することになる。そして貞観五年（八六三）五月二十日には京都の神泉苑で御霊会《ごりようえ》がおこなわれることになる。御霊というのは崇道天皇・伊予親王・藤原夫人および観察使・橘逸勢・文室宮田麻呂らである。陰謀事件に関連して誅せられたもので、その魂がわざわいをなし、近代以来疫病が頻発し多くの死者を出しているが、みな御霊のわざわいとするところからおこったものである（三代実録）と言っている。そしてこの御霊会が後に祇園祭を生み出してくるのである。

他人を失脚させて政権をとり、あるいは高い地位を得たようなものはたえずこの目に見えぬ怨霊のたたりをおそれて暮らさなければならなかったが、そのような考え方はやがて民間にも浸透して来る。と同時にそうしたわざわいの原因を神の声によって聞こうというようになって来る。託宣が尊ばれて来るのはこのためである。

平安時代におけるもっとも大きな悲劇は何ら罪のない菅原道真が藤原時平に讒奏《ざんそう》せられ、筑紫の大宰府に左遷され、恨みをのんで死んだ事件だとされており、その後京都ではいろいろの怪異があり、それらはすべて道真の怨霊のなせるわざだと考えられ、いろいろの祈禱がおこなわれたが、天慶五年（九四二）七月に京都右京七条坊に住む多治比文子というものに神託があり、右近の馬場近くに祭祠をもうけよとのおつげがあったが、文子は貧しくて社をたてることができず、家の近くに瑞籬《みずがき》をつくって天神をまつった。それから数年後近江比良の神官良種の子太郎丸という七歳の子供に託宣があったので、ついに北野に社殿を建て天神をまつることにした。それが北野神社の起りなのである。むろんこれにはいろいろ作意のあったことと思われるが、民衆はこれを信じ、また道真は北野天神としてまつられることによって怨霊のたたりをしなくなった。

り、男山の東を交野・四条畷とあるいて大阪に入り、天王寺へ参詣してそれから阿部野・遠里小野などの荒野を横切り、三国丘・大鳥・府中・近木《こぎ》・佐野・信達などを経て紀伊に入る。そして海岸づたいに田辺までゆき、そこから東へ折れていわゆる中辺路を通り湯の峯につく。湯の峯は温泉があり、人びとはここの湯にひたって潔斎《けっさい》をした。いまも本宮の祭のとき、神官たちはこの温泉まで来て湯垢《ゆご》離《り》をとって祭に奉仕するのである。湯垢離というのは、その前日から湯治の客をいっさい入湯させず、湯槽の湯を新たにし神官を迎えて入湯させるのである。入湯が終れば装束をととのえて神社に向う。

熊野の社にもうでるものは必ずここで湯垢離をとったのである。そこから低い峠一つこえれば本宮である。本宮の参拝をすますと川船で新宮に下り、さらに那智にいたって三山の巡拝をすまし、海岸線をあるいて田辺へ出る大辺路をゆく者もあり、本宮から川船によらず小雲取・大雲取の山路をこえ

熊野本宮

て那智に出る人もあった。あるいは本宮・新宮・那智とあるいて本宮へかえり、中辺路を引きかえす者もあった。

熊野路にはその沿線に王子社とよばれる遙拝所が諸所にあり、その数が九九にのぼったので九十九王子とも言われた。

湯の峯温泉

熊野路の旅は決して愉快なものではなかったが、それでもなおここに詣でたのは、そこに那智の観音があり、また熊野の海ははるかなる浄土の世界に通ずるものがあると信じられたからであり、熊野は現世利生のための霊場と考えたからである。

熊野信仰を盛んにさせたについては山伏の力も大きかった。山伏たちは吉野から南へ入った大峯を修行場とし、そこから南へ下っていくと本宮へ出る。この険岨不便な信仰地をひらいたのは山伏の力であったと言っていい。そうした旅のさまをもっともよく伝えているのは「西行物語絵巻」である。それには熊野吉野への旅のさまが描かれている。西行は佐藤憲清という武士であったが、世の無常をなげき、妻子を捨てて出家し、生涯を放浪の旅にすごした歌人で、一一一八年に生れ、一一九〇年に死んでいる。平安時代の終りから鎌倉時代の初めにあたる。出家したのは二三歳のときであった。出家して間もなく、彼は吉野熊野の旅を志す。ま

苫屋の泊り（西行物語絵巻）

ったくの一人旅で墨染の衣に笈一つ背負ったが、それも小さいもので、食料などは持参していない。まず吉野へゆき、それより熊野を志し、矢上・千里の浜などを経て南へ下っていく。そして夜は苫屋・布施屋などにとまった。千里浜の苫屋というのは板葺の小さいもので、後は板葺で前面の三方は吹きさらしになっている。今日も海岸に多くみられる網小屋のようなものの中に着のみ着のままでねている。連れになった二人の僧は、その外にうずくまったまま寝ている。

　その後西行は山伏の一行と道連れになり大峯にのぼった。そしてたぶん大峯を下って来たあたりと思われるところで山伏と別れるのだが、山伏と一しょに泊った宿は布施屋と見られる草葺板庇の曲家で座敷には畳も半分ほどしかれている。そして簀子椽《えん》をめぐらしており、二間あるうちの一間の方にはいろりがあり、五徳をすえ、五徳には鍋をかけて物を煮ている。この宿には主人らしいものは見当らぬ。平生は無住なのであろうが、山伏たちがやって来るとそこにとまり、また炊事して食事もとったものであると思われる。鍋釜の類は布施屋に備えつけてあるのであろう。山伏や仏僧たちはこうしたところを宿として旅をつづけていたことがわかる。雨露をしのぐだけであれば、こうして泊るところだけはあった。

しかも熊野の信仰は山伏たちが持ちあるいて関東・奥羽へもひろくひろがっていき、その方からの参拝者も多くなって来るのである。東北地方にはずいぶんたくさんの熊野堂があり、それらは大同二年（八〇七）に、坂上田村麻呂が蝦夷征伐のとき勧請したものだとの伝説をもっているけれども、平安の終り頃から鎌倉時代の初めにかけて山伏たちがもたらしたものであるらしい。そして記録でわかる範囲について見ると、栗原郡（宮城）宮沢の新熊野社は、元暦二年（一一八五）藤原秀衡が造営を加え、荒野三〇丁歩を寄進しており、また会津（福島）耶麻郡新宮村熊野堂に奉納された鰐口には治承三年（一一七九）、鏡には永仁四年（一二九六）の銘をよみとることもでき、この地方の熊野信仰の古さを知ることができる。そして地方住民の熊野参拝もこの頃からおこった。

陸奥（宮城）岩崎郡金成村の岡本資親という武士は弘安九年（一二八六）十一月に郷里を出て、熊野本宮・新宮・那智をまわって閏十二月の末に郷里へかえっている。およそ六〇日の旅であった。その頃から熊野詣でが盛んになっていたのであろう。同時に熊野と東北地方を往来する山伏もずいぶん多かったと思われる。こうした社会的な状況を背景にして「義経記」は成立したものであろう。

熊野信仰は東にのみひろがっていったのではなく西へもひろがっていっている。それはむしろ船によって海路を伝わっていったようである。熊野は熊野船という堅牢で荒波にたえる船の産地であった。その船ははやく瀬戸内海を航行して難波から大宰府までの間をつないでいたが、後には外海にも活躍するようになる。南北朝すなわち十四世紀の頃には熊野船は熊野・瀬戸内海・九州などをつないで吉野朝のために働き、その間に熊野社を分布させている。淡路（兵庫）の諭鶴羽《ゆづるは》山は熊野山伏の古くからの道場であり、備前（岡山）児島半島の諭伽《ゆか》山は今熊野とよばれて内海随一の熊野信仰の聖地とされていた。

また宮崎県の鵜戸神宮も中世には熊野山伏の道場として知られていたのである。しかも海は広く自由である。だから日本の船のゆくところ、日本人の住むところには、熊野社が分布していった。鹿児島県種子島の熊野神社も享徳元年（一四五二）に熊野から勧請せられたものといわれるが、当時熊野と深いつながりを持っていたものであろう。

さらに南にすすんで、琉球の沖縄島にも七社の熊野社がまつられているのである。その祭祀は中世にさかのぼるものであって、熊野信仰はここまで及んでいる。

種子島熊野神社

一遍聖

熊野信仰をさらに民間に徹底させ、同時に高野山への信仰を民衆に植えつけていったのは、時宗の開祖一遍上人である。一遍が日本の交通史および旅宿発達のためにはたした役割は実に大きいものがある。

一遍は延応二年（一二四〇）伊予（愛媛）の河野家に生れた。曾祖通信は伊予の豪族で源平合戦のとき源氏に属して戦功をたて、道後七郡の守護職に任ぜられたが、承久の乱のときは京都に味方し、

筑紫へ旅立つ（一遍聖絵）

北条泰時と京都に戦って敗れ、その所領をうばわれて陸奥（岩手）の江刺郡に流されて死んだ。ただ一族の中には北条方に属したものもあって、それらの人びとにより河野の領地の一部は確保せられた。通信には多くの子があり、七男を通広とよび、一遍は通広の二男として生れた。十歳のとき母を失い、父のすすめによって十三歳のとき筑前に下って聖達のもとにゆき学問をまなび、十五歳のとき剃髪して随縁といった。それから二五歳になるまで九州にあって、仏法の修行につとめた。聖達は浄土宗の僧であった。

二五歳のとき、父の死にあって帰省し、一時は還俗して家兄と家督を争ったようであるが、事志と反したばかりでなく、愛していた二人の女が昼寝しているとき、その髪の毛が小蛇になって喰い合っているのを見て愛怨のおそるべきことを知り、ふたたび仏法の修行に深く心を寄せることになる。「一遍上人年譜」には「親類の中に二妾を愛する者あり」とするしてあるが、「一遍聖絵」の中では初めのうちは二人の尼を連れてあるいているところからすると一遍自身のことであったと思われる。

さて三五歳のとき伊予菅生の岩屋観音にこもり、三七歳のとき宇佐におもむき、さらに東へ歩行をあらためて山城（京都）の男山にゆき、そこで熊野本宮へ参るようにと霊夢をう

一遍聖絵

け、熊野への旅をつづける。そして本宮の証誠殿に一〇〇日間こもって祈願し、満願の日（建治元年＝一二七五・十二月十五日）熊野権現があらわれて

「おまえは一切衆生をあわれむが故に念仏をすすめる。善悪を言わず、信不信を論ぜず、ただ念仏をすすめて全国をあるきなさい。私はいつもおまえを守護するであろう」

と言った。この時から一遍と称し、熊野を出て全国行脚の旅にのぼる。

　その足跡を見ると伊予（愛媛）、九州、大隅（鹿児島）、豊後（大分）、日向（宮崎）、薩摩（鹿児島）、壱岐・対馬（長崎）、伊予（愛媛）、安芸（広島）、周防・長門（山口）、備前（岡山）、熊野、京都、越前（福井）、越後（新潟）、信州（長野）、武蔵（東京）、上野（群馬）、下野（栃木）、江刺郡（岩手）、平泉、松島（宮城）、常陸（茨城）、武蔵（東京）、相模（神奈川）、伊豆・駿河（静岡）、三河・尾張（愛知）、美濃（岐阜）、伊勢（三重）、近江（滋賀）、京都、丹波・丹後（京都）、但馬（兵庫）、因幡・伯耆（鳥取）、美作（岡山）、伯耆、播磨（兵庫）、大阪、和泉、河内、大和、大阪、兵庫、播磨、備中（岡山）、備後・安芸（広島）、伊予、阿波（徳島）、兵庫と、三七歳から五一歳の死の日まで、ついに止住することなく、また寺を持

因幡堂（一遍聖絵）

つこともなく、旅に生き、民衆と生活を共にし、共に喜び、共に苦しんで、生涯を終ったのである。その死は正応二年（一二八九）であった。

一遍の死後一〇年にして弟の聖戒は全国にわたって兄の遺跡をたずね、法眼円伊をして描かしめたものが「一遍聖絵」十二巻であるが、その絵の精緻であることと確実であることにおいて、また民衆生活が実に忠実に描かれていることにおいて、絵巻物中の最高の作品であるということができる。

この絵巻を見ていると、一遍は笈も負わず草鞋もはかず、着物も着流しのままで袴もはいていない。下駄ばきのままで歩いている。旅の日を重ねるには草鞋では何足あってもたらないことから下駄をはいたのであろう。食物を持ってあるかなかったのかは喜捨をうけたためであると思う。

その泊る家は、まず地方の武士の家が多かった。信仰心のある者ならば泊めてくれたのである。次には小さい庵寺が多かった。それらの庵寺も無住のものが少なくなかった。

京都へのぼったときに因幡堂へとまろうとすると寺僧が内陣へ入れてくれないので、乞食と一しょに縁にねていると、

野宿（一遍聖絵）

その夜、堂の執行をしている覚順の夢枕に本尊があらわれて、大事な客人が来ているからもてなすようにとのことで、覚順はとるもとりあえず、堂にかけつけ、寺僧に命じて内陣の中に畳を敷かせ、一遍をそこに招じ入れてやすんでもらったのであった。当時の縁や床の下は乞食のねぐらであった。

　また信濃の伴野では市屋を宿にしている。市屋というのは、掘立柱をたてた上に草で屋根をふいたいたって粗末なもので、壁も床もない。市のひらかれるときはそこに商人が来て品物をならべて売買するが、日常は乞食の巣になっていた。一遍はそうした所でも泊っている。

陸奥へ下っていく途中、下野の小野寺に泊っているが、それも、宿坊などに泊ったのではなく、仏をまつるお堂のひとつに宿っている。

鎌倉では武士から町に入る事を阻止せられたために、郊外の山中に野宿している。野宿する場合には暖をとり、また野獣を防ぐために松火をたいている。

尾張では甚目寺の金堂ににとまっているが、だれも食物を供養してくれるものがなくて、みな空腹にたえつつ念仏修行をしていると、付近の草津宿の有徳人の二人が夢のおつげがあったからと言って、たくさんの食物をもってやって来てくれた。

一遍はいたるところで踊念仏を興行した。人びとはそのありがたさと、はなやかな踊にみな心をときめかし、念仏の信者になるとともに食物の供養もしたのである。

こうしてどこへいっても宿があり、また食べるのに事欠かなかった。そして僧ではあるけれども神社の拝殿に宿を借ることもあり、伊予大三島では大山祇神社に、淡路志筑では天神宮に宿をとっている。そして最後の宿は兵庫の光明福寺であり、それは上人自身の寺ではなかったのである。

善根宿と宿坊

大勢の者が群をなして旅をしつつ食物を持って歩かなくてもすむということは旅の一大変化であるといっていい。一遍は別に官命をおびて旅をしたのでもなければ、人にたのまれて歩いたのでもない。ただ民衆に仏を信ずる心を植えつけてあるけばよかったのである。信心は老若男女、善悪をえらばなかった。念仏をとなえ、仏に祈りさえすれば極楽へゆけると人びとに説き、また信心の法悦境は踊であるとして、念仏をとなえつつ踊った。踊に様式はいらなかった。どんな踊でもよかった。だから田楽のようなものでも、太鼓踊のようなものでもいい、そうした踊にあわせて鉦をうちつつ踊る。そういうことならどんな無知な農民にも理解できた。しかも一遍は身分の高い武士の家に生れたのであるが、そうした身分にこだわらず、野宿もいとわず旅をした。

そして生きている者のためにのみ念仏をとなえたのではなく、不幸な死をとげた者のためにも念仏

高野山奥ノ院に参詣す（一遍聖絵）

をとなえた。たびたびのべて来たように昔は路頭に死んだ人はおびただしいものであった。そのようにして死んだ者の霊は穢れており、通りあわせた者に憑いて不幸を与えると考えられていた。人間にいろいろの不幸をもたらすものは不幸に死んだ霊であるという考え方が京都では御霊会を生んだのだが、わざわいするのは決して身分の高いものの不幸な死の結果だけではなかったのである。

一遍は路傍に死んでいる者のためにも念仏をとなえて極楽への往生を願った。そしてその骨の一部をとって粗末にしないように持ち、人間の魂のふるさとであると考える高野山へ持ってのぼって埋めさせることにしたのである。

不幸な死は旅行の途中におこるだけでなく、戦に敗れての死もまたみじめであった。そうした人たちの骨も一所に寄せあつめてねんごろに供養した。そしてそこへ塚を築いたり、墓をたてたりした。先年鎌倉の由比ガ浜から頭蓋骨に経文を死をいたものがたくさん出て来て人をおどろかせたが、多分は新田義貞の鎌倉攻めのとき敗死した北条方の将兵の死体がそのまま野辺に散らされていたものを集めて供養し、経文などを書いて埋めたものであろう。

人のいやがることを進んでひきうけ世の中を浄化しようと努めたこの宗派の人たちの奉仕は社会的にも大きな意味をもった。世の中には死穢を一手にひきうけるものとしてこれらの僧侶をさげすむものもあったが、しかし民衆一般はこれを好意で迎えたことは、この人びとに食物を供養し、この仲間は食物を持たず、金を持たずとも旅することができるようになったのでわかる。そして路傍に死んだ者の骨ばかりでなく、人から頼まれれば、その骨もあずかって高野へ持っていった。こうした僧たちを高野聖と言った。

熊野街道

もとよりそれらにはまた多くの弊害がともなって来るのだが、それにしても旅人に背を向けていた村人を旅人の方に向かせ、またもてなしさせるようにした時宗の僧の功績は実に大きなものがあった。そしてそのようなことによって民衆の旅は容易になり、信仰のための旅をしている者に対しては村人は寛大であり協力的になって来た。

一遍の宗教における開眼は熊野においてであったし、また高野山を霊地として深く崇拝したことによって、多少とも一遍の教えの影響をうけた者ならば、熊野詣では義務づけられた宗教行事の一つのように考えられ、鎌倉初期までは主として貴族や武士の参拝の多かった熊野へ、鎌倉末以降は一般民衆の参拝が目立ってふえて来また民衆の高野山への結びつきがつよくなって来る。

そして高野への道、熊野への道は参拝者の群がつづき、熊野にいたるものを熊野街道または小栗街道、高野にいたるものを高野街道とよぶにいたったが、もとより官道ではなく、その沿線には道者（参拝者）の宿泊のための堂庵や善根宿が発達したのである。

熊野街道を小栗街道とよぶにいたったのは説経本小栗判官にもとづく。小栗判官は横山父子に毒殺せられて、うわのが原に埋められる。そしてその魂が閻魔庁《えんまちよう》までいくと大王は死ぬのはまだ早いといってこの世へ戻すことになる。或る夜藤沢の上人（時宗清浄光寺の住持）がうわのが原を通りかかると、新塚の上に餓鬼がしょんぼり立っている。よく見ると餓鬼の手にこの世へ戻すから熊野の湯につけてたまえと書いてある。そこで上人は餓鬼を土車にのせ、小法師にひかせて、この車を通りあわせたものが一ひきずつひいてゆけば千僧供養、万僧供養になるべしと書いた札を首にかけておいた。すると照手姫があらわれて一人で熊野までひいていったという物語である。もとより一片の虚構なのであるが、死者蘇生のこの話は当時の人びとの胸をうつものがあったようで、熊野への道を小栗街道とよぶようになった。この名称は三河あたりにも聞かれるところであり、関東から同じ呼称がずっと熊野までつづいていたのである。

高野街道にいたっては大阪平野の中に、東、中、西と三本もならんで南北に通っていた。

そのおびただしい参拝者たちは熊野または高野までゆくと、宿にはとまらないでそこにある院坊へとめてもらったのである。熊野にも高野にも実にたくさんの院坊があった。それはほんのわずかの宿泊料でとまることができたので、そういうことがまた熊野・高野への参拝を盛んならしめることになる。このようなことが多数民衆を信仰の旅へ出かけさせることになる。

花より団子

時宗の徒にかぎらず、神仏に仕える者の旅が目立ってふえて来た。とくに山伏たちは時宗の徒以上によく歩いた。それも僻地の山岳が多く、この仲間は地方農村や山かげにおちついて民衆にとけこみつつ農業にもしたがって生活をたてた者が少なくない。そうした山伏たちの地方在住のさま、さらには地方の仏教の神道のさまを見ようとして東国・東北をあるいた道興准后のような人もあった。道興は関白近衛房嗣の子で、山伏寺の本山聖護院門跡となった人である。したがって身分は高かったし、東国の巡行にも貴族同様従者が多かったと見られ、したがって宿泊にあたっても普通の民家にとまることは少なかったであろう。と同時に武家たちに迎えられてその館にとまることも少なかったであろう。その身分から言って、当然寺院を宿所として歩いている。しかしその寺は山伏寺にかぎってはいなかった。文明十八年（一四八六）六月京都を出てまず若狭小浜へいっているが、若狭の領主武田大膳大夫が申付けたといって、曹源院という禅寺を宿にしている。また越後の国府では領主の上杉相模守は途中まで出迎えに来ていたが、宿所は長松寺の塔頭貞操軒であった。

関東に入ると領主の出迎えはほとんどなく、いたるところで山伏寺にとまっている。山伏寺がいかに多かったことか。時にはあさましげな田夫の家に一両日もとまることがあった。関東から東北にいたると宿の条件はさらに悪くなって宿所はほとんど山伏寺にかぎられて来る。東北地方はその頃寺といえばほとんど山伏寺であったと見られるのである。しかも山伏は妻帯している者が多かったから、時には食事を所望することもできたかと思う。こうして僻地では旅人のために寺が宿所として登場してくる。つまり寺が宿所にあてられたのは熊野や高野だけではなく、僻地ならばどこでも見られた現象であったといえる。

と同時に金堂や塔を持つ伽藍ではなく、伽藍に付属した院坊のようなものが塔頭から分離して各地に分布しはじめていたものと思われる。それまで寺院は一般に金堂・塔などを中心にして、その周囲に院坊をめぐらしていたものである。しかしそれが鎌倉の終り頃からすこしずつ伽藍から疎開しはじめたようである。淡路三原郡の「護国寺文書」をよんでいると、この寺は盛んなときには二一の坊があった。その坊は山上と、山下の寺の前にあるものとにわかれていたが、寺の前にあるものの方はそれが必ずしも寺の門前にあったとは限っておらず、はなれているものは四キロもへだたったところにあるものがある。寺領や檀家の関係から分散しはじめたものとおもわれる。地方寺院の中にはこうして伽藍の院坊であったものが少なくないと思われるが、院坊はもともと僧侶の宿所として存在したものであり、それが地方に分散することによって、旅するおなじような仲間の宿所にあてられることもまた当然であったと言わねばならぬ。

そしてそのような寺がふえてくるにつれてその統制も必要になり、道興准后は北陸・関東・東北の旅に出たのであろう。寺院における本寺と末寺の関係はこのような事情によって生れたものも少なくなかったであろう。

しかも山伏が山岳を巡歴し、時宗の僧が遊行を事とするにいたって宗教者の旅行が急にふえて来たのである。

ところがこれらの宗教者たちは各地を往来することによって信仰だけではなくて、いろいろの商品をも持ちあるくようになる。はじめは土産物として持っていったものであろう。大峰山の山伏道場の一つとして知られる奈良県吉野郡天川村坪内弁天社の神主たちは、摂河泉の平野地方の信者の家をあるくのに土産として曲物の苧桶《おぼけ》をもっていっている。いずれも手製であった。苧桶というのは麻糸を績《う》んでたくわえておく桶で、女たちにとっては重要な道具であった。坪内から東へ六キロあまり行った大峰山西麓の洞川《どろかわ》も大峰まいりの強力をつとめた村であるが、ここは杓杓の産地になっていた。江戸時代には吉野川筋の下市まで持っていって売っていたが、その初めは信者の家への土産物として配っていたものが商品化したのであろう。

大峰山の修験者

それらのことで一番教えられるのは京都府大山崎の離宮八幡の神人たちである。この神社に仕え、神前にともす灯明の油をしぼっていた。材料は荏胡麻であった。その荏胡麻が神社の周辺で産するものだけでは足らなくなり、近江・美濃へ求めにいくようになる。そこには荏胡麻がたくさんあった。

ところが、荏胡麻の産地の人たちは荏油《えのあぶら》をほしがるようになったので、しぼったものを持っていっては売った。こうして荏油の需要が増し、西の方は岡山・香川あたりまで売りあるくことになって信仰から商業へ完全にきりかえられていく。

それほどはなはだしい転向でなくても、熊野の神主たちは信者たちをたずねてあるくとき、帯・扇・針・小刀・櫛などを持って行商をかねてあるいている。金額からすれば多いもので五百文、少ないものでは十文というのもあった。そして商品としても粗末なものである。がこうした行商がまた本格的な行商をも盛んにしていく。そして金を持って旅する者が多くなれば宿屋はおのずから発達する。

芸は身を助ける

手軽に旅ができるということは民衆には大きな魅力であった。しかも道者たちはただ信仰のための旅のみしたのではなく、信仰のかたわら商売もおこなっていたことは前述のとおりだが、商売ばかりでなく、いろいろの職業をかねたものが多かったと考えられるのである。

元来念仏宗の徒は法名に阿弥陀仏・阿弥・阿などをつけるものが多い。とくに時宗の信者にはそれが多かった。藤沢清浄光寺の過去帳を見るとみな某阿弥陀仏と書いてある。念仏を申せば極楽へ往生して仏になると考えたからであるが、それを生きている間の法名にすることも、鎌倉時代から盛んになって来る。すると阿や阿弥の名のついたものは時宗の徒と見ても差支えないようである。

そうした名を持った者の多かったのは田楽法師・能楽師・連歌師などである。つまり文学・芸能にたずさわった者の中に時宗の徒の多かったことが知られる。田楽も能楽も、もとは単なる芸能ではなく、祭祀儀礼的なものであった。とくに能楽は時宗のつよい影響をうけ、不幸な死をとげた者の霊をとむらう意味をもったものが多い。

能楽はもと猿楽と言っており、猿楽はいろいろの舞をとり入れて大成したもので、初めは乱舞を猿楽と言っていたが、それが観阿弥や世阿弥によって大成せられていく中で、時宗の精神に見られる不幸な死をとげた者の霊をなぐさめるための芸能としての要素が大きく加わって来る。「申楽談義」をよんでいると、観阿弥が、今熊野の猿楽のとき翁の舞を、南無阿弥陀仏の一言で舞ったという話がある。能が念仏宗へつよく結びつきはじめている事実を知ることができるのであるが、それは能楽師たちが念仏行者であったからにほかならぬ。

昔の能舞台

しかもこうした芸能の徒も一ヵ所にとどまっていたのでは芸だけで生活をたてることはむずかしいから遊行を事としなければならない。世阿弥は

「どのように上手であっても衆人に対して愛敬がかけていては寿福増長のシテとは言いがたい、だから私の亡父はどんな田舎、山里の片ほとりでも、その心がけで、その土地土地の風儀を十分にのみこんで芸をした」

と言っているが、父の観阿弥は方々をあるきまわって芸を演じていたのである。そしてその死も旅先であり、駿河（静岡）の浅間神社の法楽の途中であった。

能楽師ばかりでなく、田楽法師でも連歌師でも実によく旅をした。そしてそれによって各地へその芸能をのこしていったのであるが、こうした仲間は実に気楽に旅ができたようでどこにもとめてくれるところはあった。

昔から芸人は船もただ、宿もただ、関所も手形なしで通れたものだとよく言われたものであるが、芸を演じさえすればすべてが免ぜられたもののようである。こうした仲間に対する村人の期待と歓待のあったこと、そしてその伝統の古さをも忘れてはならない。

時代は江戸末期でここに例にひくにはすこし時代がかけはなれているが、「富本豊後大掾日記」をよむとその感を深くする。この日記は文政十一年（一八二八）の六月十二日からはじまっている。江戸深川仲町の者で、繁太夫という富本の名取が暮しに困り、江戸に居られなくなり、鎌倉に売掛金があるので、それをとりたて、ついでに浦賀の方をまわって座敷をかせいで来ようとして江戸をたったが、鎌倉まで来ると日が暮れ、相手の家をたずねてかけあったが一文もくれない。こちらは持ちあわせの金もろくにないので宿屋へ案内させたがろくな宿へはつれていってくれぬ。風呂さえもない。翌日もう一度相手にかけあったが、ないものはないの一点張で、仕方がないから浦賀へ出かけることにする。ところがたよっていった東の干鰯屋の主人が死んで間もなくのところ、当分鳴物遠慮という。西の遊女屋へたずねていくとそこでは隠居が死んだと言ってひっそりしている。江戸は夜逃げ同様で出て来たので今さら帰るわけにいかぬ。

まったく困りはてていると、これから石の巻（宮城）へ帰る船があると言ってくれたものがある。

お金は持っていないが、ひょいとそれに乗る気になって陸前（宮城）まで下っていってしまう。それから盛岡・鍬ヶ崎・宮古・庄内・酒田・鶴岡・秋田・大山・加茂・新潟・三条・長岡・十日町・小千谷・出雲崎・柏崎・高田と旅がつづく。一文なしで旅へ出たのだが、それでも方々で迎えられて食うにも困らず宿にもとまっている。ところが地方をあるいてみると江戸の者だといって医師のなりそこねの者、はなし家、画家、新内がたりなどいろいろやって来ているがどうも皆たいへんあやしいものばかりである。それにもかかわらずそういう人たちが田舎わたらいをしてとにかく生きているのである。

この富本の名取もその一人であり、豊後大掾と物々しく名乗ってはいるが実はつまらぬ芸人にすぎず、通行手形すらももっていないが、方々の関所を通ってもおとがめはうけなかったようである。そして最後は大阪にあらわれてたいこもちになっている。

芸人の旅と宿との関係については後にのべることにするが、とにかく旅そのものは今よりもずっと苦労のあったものであろうが、実に気らくにこだわりなく歩いている。こうした人たちを迎え入れてくれる人びとがそこにいたからであった。

風流を求めて

寺院の中にこもっていて寺領からあがる年貢米などによって生活をたてお経をよんで日を暮らすような僧侶のほかに、時宗の僧たちのように街頭へ出て来て人の不幸ばかりを気にとめ、一面からすればいらぬお世話ばかりして、自分のことはたいしてかまわぬ奇妙な人びとのあつまりが、世の中を右

草津温泉

往左往するようになったということは、世の中にいろいろギクシャクすることが多くなったからであると考えるが、これらの人たちは考えてみると無用の用をはたしているわけで、時にはなくもがなと思われる存在でもあった。またそのなくもがなというような存在は、比較的時間もっていて、民衆の気に入るような芸能文芸などにたずさわったり、また身辺のことなども記録にとどめたのである。今日のこっている中世末の紀行文などもこの無用の徒の筆になるものが多い。連歌師の宗長などもその一人で、「東路の津登」は永正六年（一五〇九）六月十六日筆をおこしているが、東海道を東へ下って箱根をこえ小田原に逗留し、さらに藤沢をおとずれているのは彼が時宗の僧であったためであろう。関東各地の有力武士の館をたずねて連歌の興行をしつつ日を重ね、新田庄大沢下総守の館から草津へ湯治に出かけ、六、七日滞在している。草津の湯が当時どのようなありさまであったかは明らかでないが、当時すでに有名で、湯治客のあったことがわかる。それからまたしばらくして九月十二日に大戸の海野三河守の宿所から草津へいっている。同行がたくさんいたので馬や人夫をたくさんつけてくれ、そこに二十一日まで滞在して大戸へかえった。草津には「湯十日」という言葉があって湯治は十日を単位にしてなされているというが、もうこの頃からそうした慣習は生れつつあったのであろうか。

そこから武蔵へあるいて、品川まで来た。そこには和泉界の者で古い知人が六、七年まえにやって来て住んでいた。草津から品川までは窮屈な宿泊が多かったので、この知人の宅では五、六日も滞在して休息をとっている。そして疲れがいえると又上総の方へ出かけている。そんなとき身は時宗であっても法華寺へも浄土寺へも区別なくとまって、宗旨にはそれほどこだわっていない。また日程にもきまりがないのでそこが気に入れば滞在は長びくのである。「東路の津登」につづく旅行記は「宗長手記」で大永二年（一五二二）五月に筆をおこしているが、この旅も実によく歩いている。しかも自分をちゃんと待遇しているところへしか行っていない。たいていは地方の有力な武士の許をたずねている。掛川（静岡）では朝比奈備中守の泰能亭に逗留したがちょうど普請中で外城の周囲に六七百間濠をほり、土居をつきあげて本城とおなじであった。宗長がそこにいるうちに備中守の主人今川氏親が兵を動かして武蔵に攻め入ったのでそれにつきしたがい、戦がすむと伊豆熱海に一週間ほど湯治して陣労を休めている。熱海はその頃から湯治場として知られ、武士たちが利用していたのである。宗長はその後大永六年にも熱海へ湯治にいっているが、からだがよほど悪かったらしく、時折痢病が出てさんざんな目にあい、また脚気が出て車におされた犬のようにはい歩くありさまであったから、興津では塩湯をわかしてもらって湯治し、京都へ帰っては桑風呂に入ったりなどしている。厄介な手のかかる坊さんだったと思うが、それをめんどうがりもしないで、地方武士たちがよく世話をしているのは、連歌師で文字を解し風流を解するえらい坊さんだと思ったからであろう。

しかもこの手記をよんでいて考えさせられるのは戦争があろうがなかろうが、武士が勝とうが負けようが、たいして問題ではなかったということである。自分を迎えてくれる者のところへ行きさえすればよい。彼の才能を要求する者は敵味方をとわずいたのである。

そしてそのあたりに泊るべき適当な武士がいなければ寺へゆけばよかった。伊勢から近江へ鈴鹿をこえて行こうとしたとき洪水にあって山くずれがあり、行けなくなって関の近くの新福寺の成就院へとめてもらった。庭は掃除目が美しく、毎日ねんごろなもてなしに恐縮しながらも一〇日あまりも滞在した。ここにかぎらず気に入ればたいていは一〇日あまり滞在している。別に宿料を払う様子もなければ食物をもってあるいた様子もない。しかし遊山のときは食籠《じきろう》に食物や酒を入れて持ってゆき、落葉をたいて酒をあたため、みんなでくみかわすようなこともあった。

今日のわれわれの立場から考えると信じられないような境涯でいとものんびりと、すきなところにすきなだけ滞在し食うにも困らず旅をつづけているのである。

いっぽう滞在させる方の側から言えば、それによって連歌をまなび、また座をひらいてたのしむことができ、文化を地方へともたらす者として尊い存在と考えたのであろう。

宗長の弟子宗牧も早く宗長につれられて富士山を見にいったが、そのときはそのまま京へ引かえし、それから九州の方へ二度も出かけていった。ところが中風気になったので東国の塩湯がたいへん効果があるときいて天文十三年（一五四四）九月二十日都をたった。不定な旅なので、いつどこへ行かねばならないということもない。近江石山から観音寺などを経て尾張の那古野（名古屋）では織田信秀を訪ねている。すると平手政秀が出迎えて「まず手をあたためよ、口をあたためよ、湯風呂石風呂よ」などとねんごろなもてなしをしてくれた。信秀は美濃へ出兵して敗れ信秀だけが一人いのちからがら帰って来たのであったが、それでも敗軍不興の様子も見せずもてなした。

それから東海道を下って熱海まで湯治にゆくのであるが、途中宗牧を迎える武士たちはみな懇切で、どこへいっても風呂をたいてもてなし、中には百人ばかりも見送りに来てくれたり、最上等の座敷に案内されて、よごれた旅の具をおかねばならぬので恐縮したり、長い旅行の途次で不快な思いをしなければならないことはなかったようである。それがこうして連歌師たちを迎える武士の共通した態度であったようである。

武士たちが無用の用である風流をどのように大切にしていたかがわかる。そして利害をこえた旅人ならばどこでも迎えられる。

客居

宿を専業とする者でなくても、家に客を迎えなければならぬことは多い。京都に住む公家たちならばとくに貴人を迎えねばならぬことは多かったであろう。そのためそれぞれ一室を設けた。これを客殿と言った。客殿という言葉は平安時代の末、「小右記」に見えているのがもっとも古いかと思う。しかしその頃から始まったものではなく、それ以前から存在していた。「放ち出《はなちで》」というのがそれである。貴人を迎えるためにそうした一間を作っていたのである。

元来家の中にあっては戸主の身分がもっとも高い。だからイロリのある家では横座（上座のこと）へ必ず主人がすわり、主人がいなければそこへは誰もすわらなかったものである。近隣の人が来ても主人が横座をゆずることはない。それがあたりまえのことであった。しかし貴族や神の来訪するときは戸主はこれを居間に迎えることはない。仮に居間へ迎えても戸主は横座に貴人をすわらせることはない。それは家の権利を相手にゆずったことになる。そのため別に一間をしつらえ、そこに迎えて上座にすわらせた。その建物はもとは母屋からはなれていた。そこで放出と言っていたのである。それは公家たちの家に貴人を迎えるためにもうけたものであるが、後には一般にこれをつくるようになる。ただし別棟にするのではなく、母屋の中に特別の一室、床をもった間を作ったのである。これを民家では客間ともデイともよび、大事な客はそこへ泊めたのであった。「家屋雑考」に「吉部秘訓抄に、文治二正月十日大夫史広房が来た。まず中間の外に立ち、私は客殿に迎えたなどとあり、今時の客対の間という程度の意味である。真言院や長者坊の古図を見ていると、母屋《おもや》の中の一間を客亭としるしてあるが、僧家ばかりでなく一般の住家にも見られる」とある。「太平記」楠正成兄弟討死の場面にも、一族一三人、手の者六〇余人が六間の客殿に二列にならび居て念仏を一〇ぺんばかりとなえて、一度に腹を切ったとある。

十四世紀頃の一般の人の家にはみな客殿がもうけられていたのであろう。後醍醐帝が北条氏打討のため兵をあげたとき、鎌倉からは二階堂貞藤、佐々木道誉らが大将となって攻め上り、京都を占領し後醍醐天皇を隠岐に遷してからは新帝をたてて道誉は京都にいた。ところが、楠正成が軍をおこし、また全国の官軍が呼応してたち、京都は一年あまりにして官軍のために奪回せられることになる。そのとき道誉も都を捨てていくが遁世者――たぶん時宗の僧と思われる者を二人残しておき、「我が宿へはさだめてりっぱな大将が入替って住むだろうから、この宿所へ来た人には一献さしあげてほしい」とくわしく言いつけておいた。さて道誉の去ったあとへ入って来たのは正成であったが、すこしの乱暴をすることもなく、客殿の畳を一枚としてはぎとってゆくようなことはなかった、と「太平記」に

信濃国大井太郎の屋敷（一遍聖絵）

ある。

客殿は客居とも言ったことは「今昔物語」にも見えていて一般庶民の貧しい家にもすでに設けられていたことが、二ヵ所に見えている。そして「今昔物語」によるとその客居へ旅人をとめているのである。文章だけでは十分に推定がつかないのであるが、平安末すなわち十二世紀ごろの民家には客殿と、主人夫婦の寝る塗籠《ぬりごめ》、火をたいていつも家族の者たちの居る間の三つはあったものと思われる。そのような家はいまも滋賀県の湖北地方に多く見られる。伊香式民家といわれるものがそれで、あるいはこの民家は十二世紀頃の民家の様式をもっともよく伝えているものではないかと思われる。

そうすると一般のごく貧しいものから、公家にいたるまでの階層において、それぞれ客を迎えこれを泊めるだけの設備は持っていたことになり、武将などの中には別棟の客殿をもっている者も少なくなかったと思われる。「一遍聖絵」の信濃国大井太郎の屋敷を見ると主屋のほかに客殿が別棟で描かれている。そしてどのような家でも貴人を迎えることは当然のことと考えられていた。この故にまた一般の宿の設けのないところを歩いてもそこに家があれば泊めてもらうことができたのだと思われる。

文正元年（一四六六）三月足利義政が伊勢参宮をしたときは総勢百人をこえる大行列で人夫など入れるとさらにこれに数倍した人数になったことと思われるが、そのときの宿は十二世紀以前の貴族の旅に見られる仮屋をつくったり、寺院にとまったりするようなものではなく、湊口は京極、安濃津は守護一色京極、山田は祭主の家になっていて、地方豪族の民家は貴族を迎えてもそれをとめるだけの宿泊設備をもっていたことが知られるのである。

四　行商と宿

荘園と行商

信仰のための旅が盛んになりはじめたころから行商もしだいに盛んになって来る。

律令国家の統制力が弱くなってしまうと、それぞれの地方に発達した荘園が領家に結びつき、年貢は領家に納められ、政府の勢力下からはなれていくことになる。荘園の領家は京都の貴族や社寺が多かったから、荘園と領家との結びつきはおのずから京都や奈良との結びつきになるのだが、それは政府に結びつくよりもずっと密接であった。

と同時に荘園は領家と結びつくだけでは経済を維持できないから他の周囲の荘園とも経済交流をしなければならない。たとえば農民の一ばんほしがるものは農具である。農具は鍛冶屋がつくるが鍛冶屋はどこの荘園にも居るとは限っていない。鍛冶屋のふるさとは大和（奈良）と南河内（大阪）であった。そこから出て全国を放浪したのである。また農具の材料になる鉄は大和や河内から出たのではなく、中国地方の山中と東北の北上山地が主産地であった。だからそこから運んで来なければならない。塩にしてもおなじことで、山中に住む者は海岸地方からこれを持って来たものから買わねばならぬ。そのように一つの荘園の中だけでは解決のつかない問題が多く、その問題を解決するためには交易を必要としたのである。

応長の頃（一三一一—一二）大和一条院の貝新座の寄人に四郎という者がいた。和泉の者から銭を借り、それで鍬を買って信濃まで売りにいった。そしてそれを銭三〇貫ほどに売って、その国の者にあずけておいて自分は関東へいったが、そこで山賊のために殺されてしまった事件があった。ささやかな殺人事件ではあるが、この事件を見ていると、当時の行商がどのようにおこなわれていたかよくわかる。ところで四郎が死んだしらせが奈良へ来ると四郎の兄は自分の借金の返済にあてるために使を信濃にやって三〇貫の金を持って来させることにした。使の者が信濃までいって見ると、そこには四郎の嫁の親で鍛冶新座衆の良仏というものが、やはり使をやってもうその金は差押えていたという。なかなか手まわしがよかったが、それはこの一族の者がたえず信濃地方へ旅行していたからであろうと思われる。

四郎の旅は必ずしも大勢であるいたものではないらしい。が売買する品物によっては、大ぜいの仲間で隊商を組んでいくこともあった。

「七十一番職人歌合」を見ると、ずいぶんいろいろの行商がおこなわれていたことがわかる。めんどうでも、全部あげてみると、紅粉解・白粉売・薫物売・薬売・灯心売・畳紙売・扇売・枕売・硫黄箒売・ひきれ売・鍋売・麴売・酒作・酢作・餅売・饅頭売・じょうさい・心太売・そうめん売・豆腐売・ほろ味噌売・煎じ物売・一服一銭・小原女・桂女・魚売・蛤売・塩売・米売・豆売・葱売・苧売・絃売・綿売・白布売・帯売・すあい・馬買・革買・賈人である。

この中には行商といっても京都郊外から京都へ物売に来ている者も少なくない。しかし遠くから来たであろうと思われるものもある。硫黄箒売・鍋売・魚売・蛤売・塩売・米売・綿売・馬買などというのはそれである。

そしてまた行商の村というようなものも発生していたと思われることは、京都の東の山科郷の領家であった山科家の記録に、文明九年（一四七七）十二月三日領内の商売人に山科者と書して印判をおした商人札を出しているが、その数が五二九枚にのぼっていることでも知られる。これはひとり山科郷だけではなく、同様の村が京都の周囲にはいくつもあったのではなかろうか。たとえば大原とか桂とか女の行商人を出した村はそれであったと思われ、近江商人のふるさとである蒲生郡の得珍保《とくちんほう》などもその一つで、保内の村民はたいてい行商に出かけていた。

七十一番職人歌合絵巻より

それらの中にはひろい行商圏をもっていた者もあった。牛若丸を京都の鞍馬から奥州へつれていったという金売吉次は実在人物ではなかったにしても、奥州地方で産出した鉄や金をはるばる京都まで運んで売った商人のあったことは肯定してよいのではあるまいか。「山家集」にも岡山県の真鍋という島へ京の商人が海賊をしてとった品物を買いに来、さらに塩飽へわたっていく記事がある。西行自身が見聞したことだから間違いのないことであろうが、これで海賊をして多くのものをとっても、その盗品をさばく道がちゃんとあったことがわかる。

ところがその荘園も領家と荘民の間へ地頭としての武士が割って入り、領家の権勢を奪って、荘民と領家との関係を断ってしまうようになる。すると荘民は年貢を領家へ納めなくてもよくなるが、そのかわり新しい領主に納めなければならぬ。その領主たちがしだいに成長して小田原の北条・甲斐の武田・駿河の今川・越後の上杉・美濃の斎藤・讃岐の細川・因幡の山名・山口の大内・豊後の大友のように強大な勢力をもって来ると、その館のあるところを中心にした経済圏が成立し、領内物資の交流が盛んになるとともに領外との交易もいよいよ盛んになって来る。そして動く物資の量も多くなり、これを取扱うための問丸が発達して来る。問丸は今の問屋である。問丸はとくに船の出入する港に多かった。港こそ大量の物資が動いたからである。そしてその問丸が宿屋も兼ねたのである。「節用集」の問屋のところを見ると、「商人舟着岸宿」とあるのがこれを物語る。

問屋が宿を兼ねたものであるとすると、問屋の発達の目ざましくなる十四世紀すなわち南北朝のころから、問屋による商人宿が続出しはじめたと見られるのである。

商人宿

嘉元三年（一三〇五）という鎌倉時代の中頃であるが、そのときの若狭（福井）太良荘の年貢米進送文の中に大津の問丸房料として四斗を差引いている。房料というのは宿料のことである。年貢運送の人夫たちが大津の問丸の宿でとまったのであろう。したがってその頃から問丸の商人宿が発達しはじめたと見られるが、問屋にともなわない宿も奈良や京都では鎌倉末のころから発達しはじめる。奈良は東大寺の転害門のあたりに宿が多かったのである。奈良一条院寄人の鍋鋳物師友光が正応二年（一二八九）八月「手搔辺の者は一般に人をとめて業としそのもうけで生活している。そこで私も一晩宿をかりた」と記している。かなりの数の宿があったらしく、延徳四年（一四九二）正月転害門前の焼けたとき、六、七軒の宿が類焼したという。

転害の町で宿の名の出るのは応永十一年（一四〇四）の記録で、醍醐報恩院の隆源僧正が伊勢参宮の途中稲屋というのにとまっている。「康富記」によると、中原康富は春日神社へ参詣のために奈良に来て転害にとまっているが、その宿は最初応永二十五年に来たときは団扇屋、応永二十七年と二十九年には亀屋、同三十年には太刀屋、宝徳元年（一四四九）には鯛屋で、鯛屋はおなじ年の二月と十一月にとまっている。

法蓮町から転害門の通をのぞむ

そのほか「大乗院寺社雑事記」「言継卿記」などの記事の中からこの町にあった宿屋の名をひろっていくと、筏屋・烏帽子屋・鉢屋・墨絵屋・但馬屋・舟戸屋・蜂屋・ワク屋・鎌倉屋・岩屋・ラシアウ屋・橘屋・鳥屋・塞屋・瓦屋・藤屋・猪屋・腹巻屋・精好屋・わくだ屋・松屋・みす屋・鶉屋・柏屋・クツワ屋・甲屋・チキリ屋などがある。以上で三二にのぼるが、実際にはもっと多かったはずであり、同時に奈良に旅する人がいかに多かったかを物語るものであり、それは春日・東大寺・興福寺などへ参拝するためのものも多かったであろうが、奈良には昔から小商売が多く、その取引のためにやって来るものが多かったともおもわれる。芭蕉の俳諧炭俵集にも

奈良がよいおなじつらなる細基手

ことしは雨のふらぬ六月

というのがある。細基手というのはわずかばかりの資本でおこなう小商売ということであろう。俳人の眼につくほどそういう人たちが奈良へのほこりっぽい道をあるいていたさまが眼にうかんで来る。

さてこれらの宿屋は宿が専業であったものはすくない。多くは余業をもっていた。たとえば腹巻屋は当時武具の製造では名を知られた家であった。団扇屋・太刀屋・烏帽子屋・鯛屋・鉢屋・墨絵屋・ワク屋・瓦屋・みす屋・チキリ屋などというのはそれぞれその名のような商売をしていたものと思われる。

「寺社雑事記」には転害の宿についていくつかの記事をのせている。永享二年（一四三〇）二月畠山満家の家臣の斎藤榎本という武士が転害の藤丸という宿にしばらくの間逗留していた。ところがある日主人が斎藤に伊勢参宮の客がたくさんやって来るから、他の宿へ移ってもらいたいと申し出た。斎藤は承知して近くの烏帽子屋へ移った。さてそれから時はたったけれども藤丸へ参宮客の来た様子はない。さてはだまされたかと、斎藤は藤丸へ押しかけ、腹立ちのままに下女の一人を斬って捨てた。そのうわさはたちまち町中にひろがって郷民たちが斎藤のところへ押しよせて大さわぎになった。さて宿をしていた藤丸というのは興福寺の承仕法師であった。そういう人も宿をいとなんでいたことが

わかる。そしてそういう家が軒をならべていた。あるいはいまの転害門から法蓮町へかけての古い民家とたいして差のないような家があったのではなかろうか。そしてその家の大きさは、「大乗院領小五月銭納帳」などから見て間口が二間半から四間までの家であったと考えられる。

そういう家がいろいろの商売をしていたのであるが、宿があれば人が集り、人が集れば悪事を働くものも多く、人買商人も田舎のぼりの女子供に眼をひからせていた。天文二十一年（一五五二）丹後の国から三人の女巡礼が奈良までやって来て転害の郷に宿をとろうとして焼餅売の女房に声をかけると、女房は三人の中の一人十九になる娘の器量のよいのに眼をつけて、言葉たくみにだまして今辻子の遊女屋へ売りとばしてしまった。転害はそういう町であった。

京都にもまた転害とおなじころから宿がふえていった。それらの宿は三条から五条にかけて多かったようで名まえのわかるものだけでも、扇屋・トキ屋・山崎屋・粟津屋・まさ屋・うつほ屋・丹波屋・俵屋・灰屋・針屋などがある。「塵塚物語」には文明の頃（一四六九—八七）徳政があったとき、宿屋の主人が知恵を働かせて利を得ようとしてかえって失敗した話をのせているが、京都の方にはかなり大きな宿もあったらしく八棟造のはたごが見られた。

京都奈良ばかりではなく、交通量の多いところや民間の信仰をあつめている社寺の門前には宿屋が軒をならべはじめていた。十五世紀以来参拝者のめっきりふえた伊勢街道の沿線にはとくに宿屋がふえていったようであり、鈴鹿峠を南へ下って坂下には応永二十五年頃すでに一群の宿屋がならんでいた。

それらにもまして小田原・岐阜・山口・堺・博多のように人の多く集《つど》う町には宿屋の数も多かった

紙問屋の家並に昔の面影がしのばれる岐阜の町

と見え、ルイス・フロイスは永禄十一年（一五六八）岐阜から耶蘇会に書き送った書簡の中に

「われわれは岐阜の町についた、人口はおよそ一万人あるだろう。和田惟政の指定した宿についたが、人の出入のさわがしいことはバビロンの混雑に等しく、各国の商人が塩や布その他の商品を馬につけてて来集し、家の中にいても雑踏して何にもきこえないほどである。しかも商人や馬子たちはバクチを打ったり、食事したり、商品の売買をしたり、また荷造をし、荷を解き、そうした作業が昼夜たえることがない」

と書いている。その岐阜には塩屋・風呂屋などの宿のあったことが知られている。

山科言継の日記「言継卿記」によると、言継の東国への旅には宿泊は宿屋を利用している場合がかなり多い。近江坂本では布屋、鈴鹿坂下では大竹屋、岐阜では塩屋と風呂屋、遠江見付では奈良屋へとまっている。こうして地方の有徳人や豪族の家を利用しないで宿屋を利用しても旅ができるようになって来つつあったのである。

とくに街道筋の宿は問屋を兼ね、宿泊の客は商人道者が主であったようで東国地方の問屋を一般に「商人道者問屋」とよんでいた。

資料が東にかたよって西国の事情についてあまりふれなかったけれども、交通機関の整備せられていたのはむしろ西国ではなかったかと思われる。天文十九年（一五五〇）、東福寺の僧が周防へ下っていったときには摂津の富田から宿《しゅく》ごとに賃馬がおかれていて、それを乗りかえて周防までいくことができたというのであるから、すでに江戸時代とおなじような宿駅の制度が山陽道には実施せられていたと見られる。それらは戦国争乱の中において民衆がきずきあげていったあたらしい交通制度であった。

遊女と宿

さてこうした宿が別に商売している場合はともかくとしてただ宿のみしている場合には旅人をとめるだけのものであったかどうか。そういう宿も多かったであろうが、旅人をもてなすための女は居なかったであろうか。中世の紀行文は記事が簡単でそのことについてふれて書いているものはほとんどないけれど、実はかなりの数にのぼっていたと見られる。とくに南北朝の相つぐ戦乱の中で田畑を荒らされ家を焼かれた者も多く、そうした家の子女たちが遊女というよりも売春を事とするものが多くなっていったと思われる。「日本行録」にはそういう記事が見えている。

「日本にはかわったことがある。この国は女が男の二倍もいる。それが道ばたに店をもうけている。淫風が大いにおこなわれて、店の女はなかば遊女のようなことをしている。すなわち道ゆく人があると出ていって道をさえぎり、とまれとまれと言って着物の袖をとらえて店の中へ引入れる。そしてまず宿銭をさきにとって、白昼であっても男と寝る。それは決して都だけのことではなく、国々村々をはじめ海辺の漁村も同様である。しかも女はすこぶる美しい」

稚児（法然上人絵伝）

といっている。もともと旅人に対する女たちのもてなしは宿の長者たちが旅のまれびとを迎えて女をしてこれに仕えさせることに発したものであろうとはさきに書いた。自分に子女のいないとき他家の娘をこれにあてたものであろう。神社に奉仕する巫女もまたおなじであった。まれびとに仕え、まれびとの心の一ばんわかるものは女であると考えられた。同時にこうした女たちは芸能にひいでていた。そしてそうした女たちの中から白拍子とよばれる舞姫も発生して来るのであるが、「日本行録」に見る春婦はこれらとは質のちがったものであったことがわかる。ただ売春だけを目的としたものが国々村々に居るほど増加していたのである。

しかしそれは女の世界における変化だけではなく男の世界にも見られた。戦を事とし、殺伐の気風のみなぎっている世界では心をやわらげる何ものかがほしかったのであろう。

「男子で二〇歳以下の者は寺に入って僧について勉強しているのだが、この少年たちは眉をそり、墨筆で額の上に別に黒く眉をかき、頬紅をつけ、また大柄の模様の着物を着て女のようである。将軍はこうした少年を好み、殿中に入れている。殿中には正妻や妾がたくさんいるのだが、それにもまして美少年を愛している。他の男子も皆これにならって美少年を可愛がっている」

とも言っており、かなり頽廃の風がみなぎっていたのであろう。そして旅宿を中心にしての売春のごときも客をもてなすことよりも今日見られるようなものと何らかかわりないものにまでなっていたことがわかる。国内のものはそれがありふれた風習になっておれば、それほど気にとめるようなことではなかったのであろうが、外国から来た者には「奇事」として映ったのであった。しかし遊廓というようなものはずっと後におこって来るのである。

福岡市（一遍聖絵）

しかも女たちが相手にする男は社寺へ参詣する貧しい信仰者ではなく、商業をいとなみ裕福な者であった。したがって宿場のあるところでは市も立ったのである。武蔵井草宿・白子宿・高萩新宿・関戸宿・平井宿・駿河沼津宿・江尻宿などではすでにそれぞれ市がおこなわれていたのである。「一遍聖絵」に見えた市屋なども、宿場の町はずれにもうけられたものが多かったかと思う。備前福岡の市のごときも、山陽道にそうた福岡宿に付属した市であった。市屋があれば旅人ばかりでなく周囲の農民も集って来る。また、旅の商人を相手にした宿のいとなまれるのも当然であった。そして宿と言ってもごく粗末なものから、問屋のいとなむりっぱなものまでいろいろあった。天文二十年(一五五一)ごろ伊豆三島宿では亭・居屋・蔵屋・厩などがならんでいた。亭はりっぱな宿所のことであり、蔵屋は問屋のものであっただろう。厩は往来の馬をつないでおくためのものであったと思われる。そういう宿なら当然遊女のいたことも想像せられる。

そして宿を中心にして多くの市が成立するとともに宿があれば宿屋をいとなむ者があったのはまた当然であった。同時に道も海道とよばれる幹線路ばかりでなく枝道がぐんぐん発達しつつあり、その枝道にも宿《しゆく》が発生していたのである。応安四年(一三七一)祇園執行の顕詮が摂津(兵庫)有馬の湯へ湯治にいったが、そのついでに足をのばして、太田宿で的屋という宿屋にとまり、また東条の八日市場のカヤ屋に一泊したと「祇園執行日記」にしるされている。太田も八日市場も脇往還に発達した宿であった。

門前町と城下町

宿屋の存在するような町は室町時代すなわち十五世紀に入ると方々に発達しはじめていた。民衆の信仰をあつめた社寺の門前町がまず眼にとまる。熊野信仰についてはさきにのべたが、この頃になると伊勢への信仰も盛んになって来る。それらの門前町の中で伊勢の山田、信濃善光寺、伊豆三島神社、尾張熱田神社、紀伊粉河寺、山城男山八幡宮、備前の吉備津神社、安芸厳島神社などはとくに知られており、門前町の住民は参拝客を相手に商売をいとなみ、時には市もひらき、また宿もいとなんだのであるが、それらの中でももっとも変っていたのは真宗の寺内町であった。真宗の信者たちは寺を中心にしてその周囲に集り住むことが多かった。

その最初は近江の堅田であった。蓮如を中心にして近所の農民たちで真宗を信ずる者が集り住んでいわゆる堅田衆を形成し、一種の村落自治体をつくりあげていったのであるが、蓮如が越前（福井）の吉崎に移ると吉崎の御坊を中心にして門前町がつくられ、町の両端には大門が設けられた。また町には長屋が建てられた。これを他屋《たや》と言った。そこには北陸の真宗門徒が移り住み、また参拝に来た農民たちも他屋に宿を借りたのである。

門前町風景（長野善光寺）

文明五年（一四七三）のころであったが、それから間もなく、蓮如は山科へかえって本願寺を建てる。この寺の周囲にも他屋をつくって町を形づくったが、町の外側を土居と濠で囲った。農民たちはそこで安心して農業にしたがうこともできたのである。農民を戦乱から守るために部落の外に濠をめぐらすのは一つのすぐれた方法であるとともに、農民たちは自治組織をつくりあげていった。

山科本願寺をつくって一〇年あまりたった明応五年（一四九六）には大阪石山に寺をたて、寺の周囲に八つの町をつくり、周囲には囲をし、出入口には門をもうけた。これが今の大阪の起りであった。

蓮如はこのようにして寺内町をつくり、農民や商人たちを戦火から守りつつ信仰をひろめていったのである。そのためにそれから相ついで寺内町がつくられていった。和泉（大阪）の貝塚はそうして寺内町としては規模の比較的大きいものであった。三方に濠をめぐらし、西は海に面していた。町の中心には願泉寺があった。町の外には戦乱が相ついでいたが、濠の中は平穏であった。しかし田畑は濠の外にも分布しており、その耕地は兵馬に踏みあらされることが多かった。そこで交換分合をして貝塚住民の耕地を濠の周囲に集め、また濠の外に居た者も濠の中に移り住むようになって大いに発展した。

そのほか河内の顕証寺、久宝寺も濠をめぐらした寺内町が見られ、富田村別院にも濠があった。また大和の今井や、伊勢の一身田も同様で、兵乱をさけて自治体をつくった。寺内町はそのため、信者たちの来住が相ついだばかりでなく宿泊者が途絶えることがなかった。

町民自治を中心にした町が町の周囲に濠をめぐらしたり垣をめぐりしたりすることは、中世になるといたるところに見られたようで、和泉の堺も、摂津兵庫もともに濠をめぐらした町人町であり、博多などは垣をめぐらし、町ごとに木戸をもっていた

門前町が社寺の信仰を中心にして発達していったのに対して城下町は大名が自分の城を中心にして形成したものであった。「法然上人絵伝」を見ると、美作の押領使であった漆間《うるま》時国の家は、その家の周囲に五、六軒の小さい家があり、下人の家であったと思われるが、もとは武士と言っても、その程度の家を自分の屋敷の周囲においていたにすぎなかったと思われるが鎌倉のように将軍のいる町にな

ると、町の入口には木戸をもうけ、町民は道の両側に家をたてて住んでいた。こうして館を中心にして町が発達しはじめる。

それが室町時代に入って戦乱が相つぐと、比較的強力な大名の城の下または館の周囲へ集り来て住むものが多くなって来た。そこが安全だと考えられたからであろう。さきにあげた岐阜・小田原の城下町などもそれであり、そのほかにも、大和の沢城、近江の観音寺城、周防山口、豊後府内などがあり、そこには侍屋敷が城または館の周囲にあり、さらにその外に町人町があるのが普通であった。そして中世にできた町では町割の様などから見て、町人町は町の重要な部分をしめていた。外国船の渡来によって発達しはじめた平戸の町など、その間の事情をよく物語る。

平戸　松浦氏の館をのぞむ

平戸には古くから平戸松浦氏がいたが、そこが港町として活気を呈して来るのは、天文十九年（一五五〇）ポルトガル船がここに入港してからのことである。松浦氏はこの港の北の丘の南斜面に館をもうけ、そのすぐ下に舸子屋敷をならべ、館の背後の丘には武士の屋敷を散在させていた。武士たちは日常はそこで農業にしたがっていたのである。

館の下の舸子屋敷の、さらに下には馬場があるが馬場から海にいたる間が町人町になっていた。町人町は港をめぐってその周囲につくられた。一見すると港町が中心であり、その周囲の丘に館と侍屋敷がばらばらに存在する。つまりここでは町がさきにできて、武士たちはあとから来たように見えるが、事実その通りで、松浦氏の館の周囲にはもとはほんの少数の武士が居たのにすぎぬ。ところが、その下に港町が発達しはじめ、港口北岸にはオランダ商館があり、港の奥にはイギリス商館がもうけられた。この二つの商館にはさまれたところに有力な町人たちの家があり、宿屋などもそこにあった。いまも、そこに宿屋のほとんどが集っている。これらはもともと商館と取引のためにやって来た商人たちを相手にして発達したものであっただろう。

しかしオランダ・イギリスの商館が廃止され、鎖国がおこなわれてからは平戸への商船の出入はほとんどなくなり、平戸島へ来る商船碇泊地は、平戸の北方の田助に移される。そして田助は大正時代まで平戸島の重要門戸となり、海岸には宿屋と遊女屋がならぶようになるのである。

それらはともかくとして、とにかく有力な大名の城下または館の周囲に町人町のできはじめるのは、門前町寺内町と相似たものがあり、いろいろの取引がそこでおこなわれるために商人があつまり、またその商人のための宿も発達した。商人たちには定期的に往来する者が多く、定宿をもつものも多かったと思われる。羽前（山形）酒田の六梃船の船頭は酒田から直江津を経て敦賀に来、そこのせいしが本を宿にし七里半越を通って海津に出、そこから船で大津にわたり、こう大夫のもとを宿にし、一年に一度ずつ往来したと「舞の本」にある。史実とは言い難いが、当時の商人宿の利用の仕方が、すでに近世へつながるものが見られるのである。

旅の障碍

しかし中世は戦乱が相つぎ庶民の旅は決して楽なものではなかった。いつどこで賊にあうかわからなかった。それは決して山中や海上でおそわれるとはきまっていなかったし、町の中でも見られたことである。弘治元年（一五五五）にイルマンのロレンソが、備後の尾道から堺へ船でわたりたいと思ったが、金がないのでカタビラと帯をぬいで旅費にかえるために町を売りあるいていた。するとひょっこり山口の貴族木梨殿の旧臣に出あった。旧知の仲なので声をかけると親切にはなしてくれ場末町まで連れて行った。そして人通りのない所へ来ると急に強盗に変じてロレンソをしばりあげ、あらゆる侮辱を加えて、身につけているあらゆるものを強奪し、刀をぬいてロレンソの首をはねようとした。さいわいロレンソが、つれていかれるのを見ていたバルナバがあやしいと思って新助殿をよびにいってやって来たので、ロレンソはあやういところを助かったのであった。それが当時の状態であった。

また旅をしていても相手からあやしまれると宿をとることはできなかった。永禄二年（一五五九）にガスパル・ヴィレラが京都へやって来たときも、この紅毛碧眼の異人をとめようとするものはどこにもいなかった。ヴィレラを案内して来たダミアンが京都の町中をあるきまわって宿をもとめたが、どのような条件のもとにも受入れようとする者は一人もいなかった。いよいよ困りはてて、町のはずれに住むもっとも下層のもっとも粗野な人びとの住む川棚という地区に住む「山田の後家」の家へいった。小さい家で掘立小屋ほどではなかったが、古びて朽ちはてたバラックであった。屋根は藁でふいてあったが、それが破れて家内にも外と同様に雨がもった。壁のかわりに周囲はうすい芦でかこまれ、まえに塗ってあった土ははげおちてしまっていた。寝床は裸土でないというばかりで、ほんの申

南蛮屏風より

しわけに芦がしいてあった。宿の約束はこの粗末な家に対して一ヵ月一バルダオ支払うことになった。

さてそこではあまりにも粗末すぎるので、もう少しましな家はなかろうかと、ダミアンは都の郊外の村々をあるきまわったが、とめてやろうというものはない。やっとのことで古い藁一束を買い、それを背負い宿に戻って来て

「バテレンさまにベッドを買って来ました」

と言った。それをのべて見ると三人が敷くには足りなかったのでヴィレラが藁の上に寝、ダミアンともう一人の男は芦の上に寝た。

この話は一例にすぎないが、旅の途中で宿を貸す者がなくて野宿しなければならなかった記事はこの当時の紀行文の中にもいくつか見られる。宿がなかったのではないようである。

もう一つ、旅行を苦しめたのは関所の乱立であった。多くの社寺はその所領を武士から横領せられて経営がむずかしくなったので、いろいろの口実をもうけて関所をつくり、そこで通行人から関銭をとることにした。「大乗院寺社雑事記」によると、「八幡神人らが数百所におよんで新関をたてた」とあるが、この文字をそのまま信用すると、まったくたいへんなことであったが、社寺ばかりでなくて、地方豪族も街道筋にいるものはみな関所をたてた。寛正三

年（一四六二）には淀川のほとりに三八〇ヵ所の関所があったというが、もしその一つ一つに関銭をはらって行かなければならなかったとしたらお金はいくらあっても足らないであろう。おそらく何らかの便法があったと思う。たとえば京都東寺では南口に関をもうけたというが、関銭をとったのは通行の商人だけからであったようだ。

また参宮街道の桑名から日永までの一八キロの間に六〇の関があったというが、これは一つの関で一文ずつの関銭をとったという。お金を持たないものはどうしたであろうか。伊勢の国には一二〇も関所があったそうである。旅人は関所を通るだけで貧乏してしまうことになる。だから抜道を通る者が多かったと思うが、そうした間道が大いに発達して来るのである。

海関のあった瀬戸内海能島

海上などにも関所が多くもうけられた。「村上家文書」によると、瀬戸内海では海賊が多くて沖行く船をおそっては物をかすめとっていたが、それではいかにも不都合であると考え、海関をもうけて帆別銭をとることにした。帆別銭をおさめたものには旗を与えてそれに船にたてさせ、また海関の者を一人のせる。この旗をたてた船を賊船はおそってはならなかったし、また他の海関でも帆別銭をとってはならないことにした。そのため海上交通が安全になったとあるけれども、海関は航海者から腕ずくでとっていた物品を、自分たちでつくった制度によって合理的にとりたてることになったのである。

そのほか大名たちもそれぞれ関をもうけて関銭をとったのだから、それが旅行を困難にさせたことは大きかったと思われるが、そうした中にあってなお旅はつづけられていた。当時のいろいろの紀行文に関所の記事をほとんど見かけないのは何故であろうか。それが多すぎたから書かなかったのか、関銭の負担をそれほど負担と感じなかったためか明らかでない。

この関所の廃止にもっとも努力したのは信長であった。「信長記」に

「伊勢の国の関所をみんな停止したいと思うがどうであろうと足利義昭がきいたのに対して、信長は伊勢参宮の輩が通行者の半分はいる。往還の費用だけでもたいへんなことである。万人を安んずることが、国家を保っていく上に一番大事なことなのである。だから今度伊勢の兇徒をみんな攻めほろぼしてしまったことだし、この際万民撫育のために、諸関を停止し往還のわずらいのないように沙汰をしたと申しあげると、義昭はたいへん喜んで国光の脇指を信長に与えた」

とある。この措置の民衆に対する反響は大きかった。その後信長は占領地の関所を次々に停止し、秀吉があとをついで全国統一にのり出した後も、信長の政策はそのままうけつがれていったのである。それで、国内どこへも自由に往来できるようになったのだが、国内統一とともに進められた検地事業のために、かえって農民がふるさとをすてて逃散するものが相ついだ。が、とにかく関所の廃止が人の動きを大きくしたばかりでなく、伊勢参宮が爆発的におこって来るのである。

五　伊勢の御師

御師の発生

伊勢神宮はもともと皇室の先祖をまつるものとして一般民衆はこの社に奉幣することを禁じられていた。したがって民衆で伊勢にまいるものは平安末までは少なかったのであるが、外宮権禰宜《ごんねぎ》であった度会光親が源頼朝のために祈禱したという記録があり、たぶんその前後から、民間の者で私幣を献ずるものがあったと考えられる。すなわち源頼朝がそのはじめでなく、そういう風潮が東国全体に見られつつあったと考えるのである。

というのは、平安末の頃から関東地方に伊勢の神領や御厨が成立しはじめる。もともと伊勢神領は度会《わたらい》三郡があてられていたのであるが、この他の地方に神領のふえて来るのは、民間からの奉納者がふえて来たことを意味する。つまり伊勢を信仰する者が多くなって来たのである。関東平野に多い神明社はいずれも伊勢神宮から勧請したものであった。

しかも伊勢にはたくさんの祈禱師がおり、それらが神領へ下っていって宗教活動をするようになって、神領と神官との間には単なる領有関係ではなくて信仰によって結ばれたつよい紐帯が見られるにいたった。

さて伊勢信仰については新城常三博士の「社寺参詣の社会経済史的研究」というすぐれた労作があるので、以下それによって話をすすめてゆくことにするが、伊勢信仰が急速に民間に浸透しはじめたのは鎌倉時代の中頃からであったらしく、弘安十年（一二八七）の御師寂円の旦那は遠江・武蔵・出羽・甲斐・常陸におよんでおり、永徳の頃（一三八一―八四）には北は奥羽から南は鹿児島までの間四一ヵ国に旦那を持つ御師がおり、文安（一四四四―四九）の頃には四六国にわたって数百の氏族および村落を有する御師がいたという。

それが少数の例であったとしてもおどろいていいことである。伊勢の信仰がどうしてそんなに分散的にひろがっていったものであろうか。それは一つは各地から領地の寄進のあったことが大きな原因のようである。鎌倉初期には御厨や御園の数が三〇〇を越えなかったものが、末期には一〇五〇にのぼっていたといわれる。皇室の威光はおとろえ、律令政治は解体し、荘園すら武家政治によって解体しはじめた時期に、伊勢神宮の御厨・御園のふえていったことは、そうさせた何かがあったはずであるが、それらが零細なものの多かったということで、地方土豪や武士の寄進によるものと見られるのである。

それではひろく日本全国の武士団に伊勢信仰を植えつけたのはおそらく御師の力であっただろう。御師たちはどうして信者を獲得したのであろうか。おそらくお祓いの札をくばってあるいたことが一つの原因ではなかったかと思われる。「御祓日記」とか「御祓の札くばり日記」などという御師の家にのこる記録を見ていると、このお札くばりは重要な意味をもっていた。家々の平和と幸福を祈るものはこの札をみなほしがったはずである。その札のほかにいろいろの土産もつけて配っている。多いのは扇と帯であった。そのほかに櫛・針・小刀・ふのりなどがあった。ただしこれに対して旦那側はお返しとしてお金を支払っている。

また記録には全然見えてないが、あるいはもうこの頃には暦も配っていたのではないかと思う。伊勢暦は江戸時代に入って頒布をはじめたといわれているが、起原はもっと古いものではなかったか。農民にとってもっとも重要なことは日を知ることであった。今日が何日であるか、どういう日であるかということを知るのは大切なことであった。

もう一つは皇族の勢力がおとろえて、伊勢自体が独立した経営をおこなわざるを得なくなり、そこで神宮に仕えていた祈禱師たちが、わずかの縁故をたどりつつ地方へ出ていって奉加をしてまわったことが信仰をひろめていく動機にもなったであろう。だから地方の一戸一戸に門付けもし、祈禱もしたもので一村こぞって旦那になるというようなことも少なくなかった。

それにもかかわらず、とにかく信者は全国に分布し、その信者と特別の関係を持てば、御師はこれを旦那とよんだわけで、その名を一々しるしたものが旦那帳または旦家帳といわれるものであった。そしてその檀家をまわってゆきさえすれば奉加があり、それによって御師たちは生活することができた。

熊野の場合はまず信仰があった。熊野の宮に仕える者たちが信仰を売りものにしたのではなく勝手に信者の方がやって来たのである。そこで御師たちが世話をし自分たちの坊にも泊めたのであるが、伊勢の場合は御師の方から出向いていって信者をつくったのであった。

だから一人一人の旦那場も入り乱れていたし、旦那場そのものは領域的よりも信者の数でその勢力

御師の宿（三重県史より転載）

をおしはかることができる。たとえば、御炊大夫の土佐の旦那は六〇〇名、宇治久家の北信濃の旦那は三〇〇名（天正九年）、村山氏の中国地方の旦那は一〇〇〇名というように、地域の広さが問題ではなく、人数の多さが問題になって来る。御師たちはその一軒一軒をあるいて札をくばり祈禱をした。そして信者の家を宿としたのである。したがって、御師と旦那の結びつきはきわめて密接なものがあった。

旦那となるものは民衆のみにかぎらなかった。大名たちもまた旦那になった者が少なくない。こうして伊勢と地方民衆の間の深いつながりが制度をこえて人と人との結びつきの形ででき上って来るのである。そして室町時代にはもうかなりたくさんの御師が宇治や山田に居住していたと見られるが明らかではない。新城氏はいろいろの記録によって大名を旦那に持つ御師十五氏をあげているが、実際にはこれに十数倍する御師がいたのではなかろうか。文禄三年（一五九四）の「山田師職銘帳」にも一四五人いたとあり、このほかに内宮の法師がいる。

そして地方から伊勢参りをした者たちはいずれも御師の家を宿としたのである。御師はまたそれほどの構えをもっていた。それはまた伊勢ばかりの問題ではなくて、民衆の信仰をあつめている神社には共通して見られた現象であった。

たとえば対島のように僻陬の島にも御師の宿坊に似た制度は見られたのである。対島西岸には島の守護神である和多都美神社がまつられているが、この社は後に木坂八幡とよばれた。神社には五軒の社家が付属していたが、この社家はすでに室町時代から参拝者をその家にとめている。それが社家の生計を大きく支えているのだが、参拝者を泊めるために他の家よりは大きく造ってある、という記録がある。この社家にもそれぞれきまった旦那の家があった。

対馬の社家

宇治山田の自治

ところで御師の家には、いろいろの階級があった。江戸時代のことになるが、宮中関係の御師を禁裡御師とよび、内宮は藤波家、外宮は桧垣家であった。次に幕府関係の御師は公儀御師とよび、山田は春木大夫、宇治は山本大夫であった。これらを除いて、四つの階級があった。一を神宮家とよび、禰宜で私に御師をやっている者である。二は三方家とよばれるもので、三方会合の年寄をつとめ、御師をしているもの、三は年寄家とよばれ、山田の町年寄で御師をやっている者、四は平師職で、御師のみの家である。

これら御師の家には、主に属した従の階級があった。従の上を殿原とよび大祓を全国に配ってあるく人びとである。御師の家の番頭のようなものであった。下を仲間と家の子にわけ、仲間は百姓小使の役をつとめ、家の子は従者として御師の家の世話万端をする。

ところでこのような制度は中世以来のものであったから、今すこしくわしくそのことにふれてみたい。

元来宇治は岩井田・岡田・中村・楠部、宇田・鹿海の六郷にわかれており、山田は沼木・継橋・箕輪の三郷から成っていた。そしてそれらの郷をおさめる者を刀禰とよび、刀禰は神官の権禰宜が兼任することになっていた。

ところで神官には斎宮の下に神主がおり、神主を禰宜といったが、その下に「内人《うちびと》」「大物忌《おおものいみ》」がいた。内宮の方は荒木田家、外宮の方は度会家がこの役で、後にはその姓を名乗る分家の者もこの役をつとめたが定員は少数であった。そしてそういう制度が長く続いていたのであるが平安中期ごろから神領の寄進が相ついでおこなわれたために、その管理のために荒木田・度会二姓のほかに神社に奉仕するものがふえて来たので二姓のものを神人とよび、新しい奉仕者を神役人と言った。この神役人たちはだんだん勢力をもって来て神人の言うことにしたがわず、刀禰の職掌を奪うにいたったのである。神役人が権禰宜である。

さて神人や神役人たちは参拝者がふえるにつれて、参拝者の依頼によって祈禱をおこない宿を提供する。これがすなわち御師であるが、御師のうちの神役人なるものはどうして発生したかというに、神宮が私幣を禁ぜられているにもかかわらず、ひそかに私幣をうけて祈禱するものができた。それは禰宜以外の人びとであり詔刀《のりと》師といった。祈禱師とも言っている。「吾妻鏡」に見える光親も祈禱師権禰宜とあるから、詔刀師と同様のものであったことが推定せられるのである。

この仲間はもともと神宮の祭祀組織の外にいたものであるから、制約せられることが少なくぐんぐん羽をのばして地方をあるき旦那をふやしていったものの如く、文永三年（一二六六）には遷宮がおこなわれたが、それを拝もうとして神宮に集った人が数万にのぼった。また「勘仲記」によると弘安十年（一二八七）の九月にも参拝者が幾十万を知らぬというほど伊勢に集って来たとある。このように信者の開拓をしたのであるから、元弘二年（一三三二）外宮の詔刀師たちが、参詣人を抑留して内宮へ参拝せしめないことがあった。

伊勢神宮

こうした神役人系の御師の勢力がしだいにのびて来て、ついに三日市・八日市などの市場を支配するにいたる。八日市を支配した御師はそれぞれ蔵を持ち、金融業などにもたずさわったものの如く、窪蔵・榎蔵・丹蔵・松倉などの苗字を名乗っている。

こうして神役人系の御師の勢力は非常につよいものになり、御師ばかりでなく商人として大をなし、やがて町の自治権をにぎることになる。

宇治の方にはもと六郷に六つの寺坊があり一坊から八人の代表者を出し、その人びとが会合して宇治をおさめることにした。また山田は三保にわかれていたので各保から八人ずつを出して自治組織をつくった。この代表を会合年寄とよび、山田の方はその会合を山田三方寄合といった。三方は三保から来たものである。

会合衆による自治がおこなわれるようになると御師たちの力は経済的にもいよいよ強くなり、ついに大湊をも支配するようになる。大湊は伊勢湾にのぞんだ商港で、神宮の外港として船の出入が多く、当時東国ではもっとも栄えた港であった。その港をも支配していたのであるから、御師たちの経済的な余力というものは非常に大きく、それによってまた地方への働きかけも想像以上のものであった。

そして旦家なるものは、御師にとっては信仰対象としてのみでなく、経済対象としており、旦那場はしばしば売買された。それは宇治山田の内部だけでなく外部へも売られており、領主であった伊勢国司の北倉氏、和泉堺の商人などに売られた例も見られる。その他の売買先を見ても相手が御師というのは少なく、商人であるものの多いのは、売る方もまた商人化していることを物語るものである。かくて御師は信仰と商業と二面的な性格をもって来たのであるが、同時に自治体の実権をもったのであった。

そして三方として専用の花押さえもっていたものである。花押は今日の署名捺印にあたるもので、武士の間に多く流行を見たものであるが、それを三方の年寄は用いていた。

したがって自治体の中枢として実権をもっていた。これはその背後に山田の御師たちの合議制支持があったからで延徳二年（一四九〇）十二月の三方が出した文書にも「太布の新座のことは三方老若の衆議で定めたものである」と見えていて、衆議できめたものを年寄衆が署名して公布することになっていたもので、天正十一年（一五八三）には徳政令さえ出している。徳政というのはそれまであったお互いの貸借関係を帳消しにするもので、普通の場合は領主が大きな借銭を持ったときこれをおこない、領民は泣寝入になることが多かったが、山田で三方会合年寄がこれをおこなったというのは、山田住民全体がいちおう納得の上でこれをおこなったものであろう。したがってこの自治体がどれほどの自治性と実力をもっていたかを知ることができる。

そしてこのような制度は江戸時代にもうけつがれて来たのであった。したがって御師の勢力は大きく宇治山田は一般の宿を営むことはゆるされなかった。

道者株の売買

このようにのべて来ると伊勢は民衆の信仰によって大いに発展していったように見えるけれどもかならずしも順調ではなかった。

もともと伊勢は北畠氏が国司をしており、戦国時代にも戦争のもっとも少なかったところである。それが永禄十二年（一五六九）織田信長が北畠氏とたたかって伊勢に入り、これを下して伊勢にも変化が見られることになる。その年の十月五日信長は山田の堤源介の家にとまって、六日内宮・外宮・浅間山にのぼって、七日山田をたっている。

信長の伊勢攻略によってまず関所が停止せられ往来は自由になったけれども、神宮そのものは衰微をきわめていたのである。それは全国各地にあった神領がほとんどそれぞれの地の武士にうばわれており、地元にあっても天正三年（一五七五）国司の北畠信意は宮川から東の神領を没収し、また宇治六郷には三〇〇石の年貢を課している。

その頃神宮はひどく荒廃して二〇年ごとに建て替えていた古くからの慣例もすっかりすたれてしまっていたので、その造営を企てるものもあったが、事態はいっこう発展しなかった。そこで伊勢に仕える尼寺慶光院の院主であった清順は全国信者の奉加によって再建をはかろうとして各地の旦那有志のもとをおとずれて寄付をあおいだ。天正十年（一五八二）信長はその志に感じ、造営の資として三〇〇〇貫文を献納しているが、その六月本能寺で明智光秀のために殺されて、造営事業は一時挫折した。しかしあとをついだ秀吉によって遺志はとげられることになる。すなわち天正十二年三月秀吉は造営費として銭一万貫と金子五〇〇枚を献じた。こうして遷宮がおこなわれることになるが、秀吉による検地事業がはじまり、ついに神宮の周辺におよぶにいたった。御師たちはしきりにその免除を願い出たので、宮川以東はいちおう免除することにし、別に皇太神宮領として度会郡の中で五二六石を寄進し、また神宮造営につくした慶光院と祭主宮司に対して多気・度会二郡の中から二六四〇石を寄進した。こうして山田の自治は守られ、二〇年ごとの式年遷宮も復活することになったのである。

これらのことからもうかがわれるように、神宮は古くから神宮に奉仕する神人たち以外の神役人がふえ、またそれによって地方信者の信仰が支えられて来たとしても、そのこと自体が神宮経営の上には何ほどのプラスにもならなかったのであり、ある意味からすれば御師たちは神宮を食いものにしていたと言ってもよかったのである。

そういうことが旦那場の売買にもなってあらわれたのであろう。旦那場の株は古くは道者株といわれた。道者株を売ることを道者株証券と言ったが今日までわかっているところでは宝徳四年（一四五二）から寛永十四年（一六三七）までのおよそ二〇〇年近くの間に八〇通あまりがのこされているけれども、実際にはもっと多くのものがあったと推定せられるのである。

そしてそれらを見ていると、道者の数の多少、あるいは伊勢からの距離の遠近によって差の見られたものの如くで、最高が淡路の二〇〇貫文（大永二年）というのがある。また安いのになると、三貫文、五貫文などというのも見られ、大半のものが銭で売買されており、現物によって取引きせられているのはきわめて少ない。天文九年（一五四〇）九月に福島四郎右衛門尉が福井七郎三郎に淡路のくるまの小田一円・庄司一類を千疋と太刀一腰で売ったというのがある。千疋は銭であり、一〇〇貫文ほどであるが、太刀一腰というのがついている。また天文十四年（一五四五）七月に前野麻屋孫三郎が、堺の伊勢屋四郎衛門に讃岐の道者株を米二〇〇石で売っている。文禄五年（一五九七）十一月には青木種光が上部二郎右衛門尉に石川出雲守殿御息衆御師職を御太刀金子一枚で売っている三例を見出すにすぎない。この三例すら、ほんとの現物による売買は米二〇〇石というのがあるのみである。

このように現金によって取引きせられていたということは御師の生活そのものがすっかり貨幣経済になっていたことを物語るものであろう。そしてそれらのことから推察せられるのは御師という職業は伊勢神宮の信仰によっているものであるけれどもまったく営業行為だったということである。

そして道者株は御師と御師との間で取引きせられたばかりでなく、道者以外の者とも取引きせられている。それとはっきりしているものは、和泉堺材木町の伊勢屋四郎衛門（四郎右衛門と書いたものもある）が、四株も買っていることである。

天文十四年　　藤田右京兆から近江を五〇貫文で
天文十四年　　前野麻屋孫差浮浪から讃岐を米二〇〇石で
天文二十四年　八日市くわんや善五郎から越後かりは郡を五〇貫文で
永禄二年　　　辻米屋慶八郎から越後かりは郡を五〇貫文で

買っているのである。この株を買うことによって伊勢屋が御師になったものとは考えられない。ただ伊勢屋というのであるから、おそらく、宇治山田あたりから出て来て堺で商売をいとなむようになっていた者であろうが、それが金につまった御師から道者株を買い、多分はその御師に今までの旦那場をまわらせつつ、利益の幾分かを徴収することにしたものだと思われる。そういうことでも採算がとれたのであろう。それを裏付けるものとして天文二十三年の文書には

「使北民部丞同辻米屋、但し今年から八年の間毎年の冬十四貫文ずつさしあげることにいたします。八年の間このようにお渡ししましたらそれでおゆるし願うことにしていただきたい」

とあり、永禄二年の文書にも

「御使北民部丞、但し今年から八年間毎年の冬十三貫文一二五文ずつ毎年すますことにいたします」

としるしている。売ると言っても一種の質入のようなものであったことがわかる。

そのほかにも薬屋・酒屋・塩屋・米屋などが買ったのがあり、それらは名前から見てもただの商人であったらしい。それが御師たちからたのまれて買い、堺の伊勢屋のように質物のように預かっていたものもあったかもわからないが、株を買うことによってあらたに御師になったものもあったと考える。

また中島に住む北一族は盛んに旦那場を買いあさっているが、それをあげて見ると、

永正十三年　あわぢ屋大せこ兵へから中島の北へ、淡路を三〇貫文
永正十五年　あわや与三郎から中島北へ淡路四〇貫文
永正十五年　善兵衛から中島北へ淡路三〇貫文
永正十五年　あわぢや平三郎から中島北へ淡路四八貫文
永正十八年　あわぢや与三二郎から北へ淡路三貫文
永正十八年　八日市淡路屋与三次郎から中島北へ淡路五〇貫文
大永三年　八日市善兵衛から中島北新左衛門へ淡路二〇貫文
大永四年　あわぢや与三次郎から中島北へ淡路二〇貫文
天文九年　慶徳四郎左衛門から北弥七郎へ阿波ツク江村三五貫文
天文十二年　高田金三から中島北へ摂津多田荘七六貫文
天文十四年　中西蔵人から中島北弥七郎へ近江一一五貫文
天文十六年　南倉民部丞から中島北弥七郎へ近江一円の内半分一一五貫文
天文十六年　福田善七郎から北民部丞へ土佐・讃岐五〇貫文
天文二四年　神世古上松宗助から北民部丞へ近江北之郡七五貫文
永禄二年　幸福七十郎から北民部丞へ淡路屋崎の里一円家八〇軒一五貫文
永禄二年　中西甚七郎から北民部丞へ紀伊いなみ一円家数五〇〇ばかり九九貫文
永禄三年　八日市貫屋家兼から北民部丞へ越後米山より奥之分一六三貫文

永禄四年　河井右近から北民部丞へ丹波一七五貫文
永禄四年　八日市福島甚二郎から北弥七郎へ因幡五〇貫文
永禄十年　榎倉亀若太夫から北監物へ讃岐五貫文
天正三年　福島三右衛門尉から北監物丞紀伊高野麓杖の藪黄金四両

以上二一件にのぼっている。これはあるいは北家系の文書の保管のよかったためかと考えられるが、もし他の家の記録も保存せられているならば、このような現象は見られるかも知れない。

そして初めに北氏淡路屋という家から淡路の道者株を買いはじめる。淡路屋というのは淡路一円を旦那場として持っていた。多分は御師として淡路を開拓して旦那場としたものであろうが、金につまることがあって北家へ売りはじめる。

また北民部丞が、土佐・讃岐・近江・淡路・紀伊・越後・丹波・因幡などの丹那場を買いあさる。北民部丞というのは堺の伊勢屋へ使にいった男であるところからすると、もともとは旦那場売買の仲介業をやっていたものかもわからない。それがしだいに御師として経営していくようになったかと思う。

一方淡路屋のように没落していく家もあり、御師の家の消長はかなりはげしかったのではないかと思う。そして株の売買によって御師となったものは、開拓者として旦那場をつくった人びとに比しては旦那場に対する見方接し方もかなり営業的な要素が強くなっていたものと思われる。

そして旦那場の権利を守ることは同時にその生活を守ることでもあり、かなり必死なものがあったと考える。そのことは宇治と山田とがお互いに権利を守るための争をくりかえしていたことで推察せられるのである。

御師の争い

御師の全国的な札配りがはじまって以来、地方の人たちが追々伊勢へ参るようになったことは想像できるのであるが、それが後世のように定期的なものになっていたか否かはあきらかでない。しかし旦那を道者と言っているのだから旦那の中には参宮の経験を持った者が多かったと考える。

その初めは御師たちは旦那場をまわって札配りをして金を集めて来る者が多かったであろうが、しだいに参拝者を迎えて宿をいとなむ者が多くなったと思われる。そしてそういう仲間はさきにのべたように神役人といわれる仲間であり、もともとは商業をいとなみつつ、神人の下働きなどをしていたもので、倉のつく苗字を持った者などこの仲間であった。しかも商人であったればこそ宿屋の経営も思い立ったのであって、彼らは神宮信仰を利用して大きくなっていき、神人と対立抗争するようになる。そのもっとも大きかった争は永享二年（一四三〇）のもので、徳政について反対した地下人すなわち神役人たちが神人を攻撃し、その家を焼いた。そこでのがれて外宮の中へにげこむと、地下人はさらに追いかけて来て、社頭で合戦におよんだ。神人の方は三〇〇人ほど、地下人は数倍するものであったからとうてい勝目はなく、境内や「子良《こら》の在所」御供所などで数人の死人を出した。これはこの社にとっては前代未聞のことであり、社中が穢れたために、すべての神事は取りやめになり、手のつけようのないありさまとなった。そして対立がつづいていたが、幕府が両者の和睦をさせるとともに地下人で社殿をけがした者の処断をして事件はかたづいた。が、この争を境にして神役人の方が門前町の主導権をにぎるようになり、さきにも言ったように道者宿の経営が目ざましくのびはじめるのである。そして記録の中にも御師のことを宿職としるしたものを散見するようになって来る。

そういうことから、今度は参宮者を宿としてうばいあうようなことがしばしばおこって来る。この場合神人と神役人との間の対立はもうかなり少なくなり、お互いの間に協定もあったと見られるのであるが、こんどは山田と宇治が争うようになって来る。もともと山田の方が町も大きく、御師も多く、その勢力は強くなっていたが、宇治の御師は内宮をまつっており、格式は上であるとの気持が強かったから、人数は少なくても決してゆずらず、時には合戦におよぶような争もおこった。その主なものは、宝徳元年（一四四九）、同二年（一四五〇）、文明十七年（一四八五）、文明十八年（一四八六）、延徳元年（一四八九）、明応五年（一四九六）、天文十二年（一五四三）などで、そのうち文明十八年のものはとくにはげしかった。

さきにものべたように神宮や御師は所領寄進・初穂・祈禱料のようなものを財源にして生活して来ていたのであるが、所領など武士にうばわれると、こんどは参拝者をふやしてその宿泊料に大きくたよらざるを得なくなり、そのほか祈禱料・神楽料・幣物料のようなものが重要な収入源になって来る。それには参宮者をどのようにつかむかが問題になって来る。

ところが伊勢に参る人たちはまず外宮にまいる。そこで外宮の御師につかまるわけである。内宮の御師の旦那であっても外宮の御師の宿にとまることも少ない。そういうことが争のもとになり、多くは内宮から外宮の御師に対して攻撃がかけられ、文明十八年（一四八六）には内宮の御師たちは大挙して外宮に押しかけて合戦におよび、ついに外宮を焼打ちするにいたった。このように信仰はどこまでも二の次であった。

なおこの合戦に参加した主な御師の名もわかっている。外宮側は福井・春木・久保倉・三日市・堤・橋村・山田大路・二見・福島・榎倉・桧垣・久志本・喜多・上部らで、内宮の方は八羽・腹巻・布屋・神楽館・鶴屋・玉串・鯛屋などであった。その苗字から見るとほとんど地下人であった。

この仲間は前述の如く神に仕えることをよそおった商人であったから、参拝者からどのようにして金をまきあげるかに熱中したのである。だから真宗の蓮如も「空善記」の中で「神さまにも仏さまにも狎れてしまえば信仰などない。だから熊野や伊勢の神主は神をほとんど信じてはいない。ただ参拝した人に銭をたくさんあげてくれるようにと祈ってばかりである」と言っているがまことにそのとおりで、いたるところに参拝所をつくって賽銭をとった。

賽銭箱

その賽銭もはじめは境内各所にもうけられた摂社のまえに投銭しておくだけであったが、それではぬすまれるおそれがあるというので賽銭箱が用意せられるにいたったという。

今日の観光地経営に見られるガメツさと同様のものが、すでにこの頃の伊勢に見られていたわけである。参宮の客がそれほど減ったのでもないにかかわらず神宮が荒廃しはじめたのはこのためである。ちょうど観光地の木を伐り山を削って宿泊や娯楽施設をしてただ私利を追うことにのみ懸命になっている今日の業者とははなはだ相似ているものがある。

「それでも観光客が来るからよいではないか」という言い分があるように、伊勢の場合も世が平和になると参拝客は群をなしておしかけはじめる。

御師の宿

御師たちのガメッさ、言いかえるとこの必死なもの、その権益を守るための戦いは壮烈であったとさえ言える。そしてその上彼らのおこなった信仰の宣伝の数々。それらのことについては後にまたのべることにする。とにかく伊勢信仰はそれがひろがっていくだけの十分の素地が民族性の中にあったことは言うまでもないのであるが、またそれを利用して信仰の眼を伊勢に向けさせた御師たちの努力もなみたいていのものではなかった。そして民衆の伊勢信仰を不動のものにしていくのであるが、そうした中にあっても盛衰はあったようで、それは御師の数で推定せられる。

文禄三年(一五九四)に外宮の御師の数が一四五戸にのぼっていたことはさきに書いたところであるが、それは外宮だけであって、内宮にもこの半分ほどの御師がいたはずであり、少なくとも二〇〇戸以上は存在したと見られるが、当時一ヵ所に二〇〇戸以上も旅宿が軒をつらねていた社会がどこに存在したであろうか。とにかくおどろくべき数字であったと言っていい。仮に一家平均五人泊ったものとして一日に一〇〇〇人、一ヵ月に三万、一年には三六万人になる。もとより参拝のない時期があるのだから簡単には言えないが、しかし一年のうち半分の期間だけは人が動いている。そのとき、一軒の御師の宿に二〇人三〇人の団体がとまることはあったはずである。それらのことを考え合せても年々三〇万内外の人が伊勢へ参ったことは推定せられる。

それが江戸時代に入るとさらに爆発的になる。そのことは御師の数の増減で推定せられる。外宮だけでも次のような数字になる。

寛文十一年	（一六七一）	三九一軒
延宝五年	（一六七七）	四〇〇
貞享年間		四四四
正徳年間		五〇四
享保九年	（一七二四）	六一五
宝暦五年	（一七五五）	五七三
寛政四年	（一七九二）	三五七
天保三年	（一八三二）	三七〇
天保七年	（一八三六）	三九五
元治元年	（一八六四）	三八九
明治三年	（一八七〇）	四八七

これに内宮の御師を加えねばならぬ。この方の数字の推移は十分明らかではないが、正徳年間二四一軒、慶応三年（一八六七）には一九六軒あったというからだいたい外宮の半分であったと見られる。正徳は享保の前の年号であり、享保九年に外宮で六一五軒あったとして、これに二四一軒を加えると八五六軒になるわけで、それだけの宿が内宮外宮の外に密集していたことになる。まったく驚嘆のほ

古市の遊廓（東海道中膝栗毛）

かはない。ちょうど回教の徒がメッカに参拝するように、キリスト教徒がエルサレムへの順礼の旅をつづけたように、日本人はみな伊勢に向かって歩いていったのである。

元来山田も宇治も御師以外で宿をとることはかたくとめられていたが一つだけ抜道があった。それは遊廓である。古市にそれが見られた。慶長・元和の頃に発生したものという。その初めは茶屋として発達した。参宮客がそこで休憩していったのであるが、茶屋には女をおく。その女たちが昼の客の相手ばかりでなく、夜の客の相手もするようになったのであろう。その遊女屋の話は「東海道中膝栗毛」の中にも見えている。多くの遊女屋が立ちならび客を待っており、昼になると、遊女屋の前には小店がならび参詣客に土産を売っている。つまりいつの間にかもとの昼の店が夜の客を相手にすることによって大きくなり、そのまえに小さい昼の店がならびはじめたのである。

この遊女屋の豪勢であったことは「膝栗毛」でもうかがわれる。弥次郎兵衛がいたってきたないふんどしをしていて、それをしているのを遊女に見られるのを恥じてひそかにはずして、連子窓からすてる話がある。そうしたものをしめていることが気になるほどきらびやかであったのだろう。それまでにこの男は江戸を出て東海道をのぼって来たのであった。その道中にも多くの遊女屋があったし、宿もあった。しかし彼らには気恥かしい思いをさせるようなところはなかった。だが伊勢では遊女屋に圧倒された。

そしてそのさきでは牛谷坂で女乞食の群にぶつかっている。その乞食たちもやぶれた着物をきたよごれた風采ではなく「けはいかざって」、つまり白粉をつけたり紅をつけたりしたのが道行く人に銭を乞うているのである。他の地方とは乞食もすっかり変っている。それがまたたいへんな数にのぼっていて機智にとんだ言葉で参拝客によびかけつつ銭を乞うのである。そのことすらが伊勢道中の客にはたのしい思い出になるようものであった。

ではこのような雰囲気がもりたてられるまでに伊勢信仰はどんな方法で浸透されていったのであろうか。

伊勢講

伊勢の信仰が民間へ浸透していったのについてはいろいろの理由があったと思うが、その中で一ばん大きな理由は、何と言っても祭神が日本をはじめたといわれる神であり、しかもそれが女性神であったこと、次に外宮の豊受大神が農業神として尊崇せられていたことである。とにかく祭神が実に気のやさしい女性であるということが民衆にとっては何より大きな魅力であった。

だからこの信仰のおこったときには武士もずいぶん参拝しているけれどもついに武神にはならなかった。ということは武士が参詣する以上に民衆がまいっていたのである。

武士がまいり初めたことには理由があった。伊勢信仰をすすめてあるいたのはさきにものべたよう

東海道から伊勢道へ

に伊勢の御師たちであった。彼らは伊勢を出て村々をあるき、お札をくばり、伊勢の神の霊験をといてまわったが、そうした時代に専業的な宿はほとんどなかった。街道筋ならばともかく街道をはずれると農家の散在する村々のみであった。そうした中にあって尊い伊勢の札を持って歩くような者のとまる家としては地方土豪の客殿しかなかったはずである。水《すい》干《かん》や直衣《なおし》に烏帽子をかぶり、白張《はくちょう》を着た下僕に白木の半櫃《はんびつ》をかつがせての旅になると、普通の家にはとまれなかったし、その支度の故に盗賊におそわれることもなかったのであろう。神威は極度に恐れられていた。

その彼らが持ってあるいた信仰は神が飛ぶということであった。神がとんで来てどこにあらわれるかもわからぬというわけである。いわゆる飛神明といわれるものである。伊勢の神がはるばる飛んで来られたという風説がたつと、村人たちはそこにすぐ神殿をたてた。しかもそのような神明宮の造営が各地に相ついでおこなわれ、かえって神宮側ではおさえようがなくなったほどである。十五世紀の中頃にはそうした伊勢から正式に勧請をみとめられない神明社が京都をはじめ近畿各地に続出したために神宮はその制止にのり出したが、まったくとめようがなかった。つまり御師たちのつけた火が意外なほど大きくもえひろがっていったのであるが、一つには各地に関所ができて交通が不便で、伊勢への参拝のむずかしくなったことも大きい原因であった。

と同時に神明宮の各地に分布したことが伊勢信仰を根強いものにしたと言える。

次に伊勢信仰を鞏固な者にしたのは伊勢講の発達である。伊勢神宮を信仰する者たちが講を組むのである。この講の文献にはじめてあらわれるのは山科教言の「教言卿記」で、応永十四年（一四〇七）正月二十三日に山科家へ山科重国以下九人の者があつまって神明講をひらいている。そのほか中原康富の「康富記」、後崇光院の「看聞御記」などにも見えており、信者たちがあつまって神明をまつっていたことが知られる。しかし定期的なものでもなく講衆にもこれという規約はなかったようである。

もともと講といわれるものは寺院を中心におこったもので僧を中心にし、民衆はそれにオブザーバーのような形で参加するにすぎなかったのであるが、それが民間に移って来ると、僧や神主をぬきにした在家の講が発達して来るわけである。

在家の講で、これを長く維持していくためには基金が必要であり、基金のつくり方には掛銭によるものと、基本財産をもつものとがある。掛銭によればかならず余剰金の出て来るもので、それを貧しい者に貸しつけて利息をとり、さらに金をふやしていく。その金をもとでにして、伊勢へ代参者をたてることもある。

いっぽう基本財産は水田寄進の形でなされる。永正年間（一五〇四―二一）に山城（京都）上久世荘に伊勢講田があったから、その頃から民間にも基本財産をもった伊勢講が発達しつつあったことがわかる。そしてそれがしだいに全国的になっていくのである。御師のあるいた範囲にはすべて伊勢講が分布するようになるのではないかと思う。

もともと講そのものはきわめて自然発生的なものであり、有志結合によるものである。それだけに結束は固かった。また政治的な領有関係は土地を媒介とするもので、領有地以外の民を下従させることは原則的にゆるされないが、信仰の場合は人と人との結びつきであるから土地がそれほど問題にならぬ。御師たちは旦那場なるものを持ったけれども、それは何国何郡何村ではなく、何村に住む誰々が対象になっていた。したがって伊勢講に参加する者は村民全体ときまってはいない。これが御師の家とつながるのである。このようにして封建政治制の外側にもう一つ信仰王国が成立する。その中心は会合衆によって自治組織を持つ宇治山田であり、講員が御師を通じて伊勢を信仰することになる。この講員たちは宇治山田へ来れば普通の宿にとまるよりも御師の宿にとまることを誇にしたのはまた当然であった。

六　江戸を中心に

五街道

徳川家康の江戸入府は天正十八年（一五九〇）八月であった。その七月に秀吉は小田原の北条氏をほろぼして関東地方を徳川家康に与えた。それが近世封建社会へスタートのきっかけになる。そこには日本の国の実に大きな悲劇的な運命がひそんでいた。

慶長五年（一六〇〇）家康が関ヶ原の戦に勝って、徳川氏による全国支配が決定的なものになる。さらに慶長八年には征夷大将軍になって完全に支配権をにぎってしまう。

そのことによって政治の中心が江戸に移る。江戸はそれまで市街地らしいものもなかったところである。まず人寄せがたいへんな仕事になる。

当時は政治の府としては東に寄りすぎていた上に海上交通に依存することのきわめて少ない土地であった。ほとんどの交通は陸路によらなければならなかった。海に面しておりつつ内陸性がつよく、人々の眼を海の彼方に向けさせることが少なかった。海はむしろ恐るべきものとしてうつった。それが後に海外渡航禁止政策を実施させる大きな要因になる。そして人々の眼を江戸へ向けさせ、また江戸を中心にしてすべての政令が出されることになる。この体制が近世封建制を生み民衆はその枠の中で息苦しい生活をしなければならなくなるのだが、全国統一を完成してさらに徳川という家によって長く政治支配をつづけようとする体制を整えるためにはあらゆる無理が国全体に強いられることになって来る。その中でもっとも悲劇的な無理は人間性の無視である。人間の持っている美徳の中で、もっともすぐれているのは人を愛するということである。その愛情が主従関係とか義理によってゆがめられる。主従関係を主にするために、他のあらゆるものが無視せられることになる。

その中でもっとも人間性を無視したものは人質の制度である。忠誠をちかい裏切をしないしるしに肉親のものを相手方に人質として送ることは戦国時代に見られたことであったが、それは長くても数年程度のことで、一生にわたることはなかった。ところが幕府はそれを永久化してしまったのである。すなわち大名の妻子を江戸にとめおくことにし、大名を領国と江戸の間を往復させる方法をとった。このことがどれほど大きく日本人をゆがめていったかわからぬ。人間性が無視せられ、権力に対して弱い、しかも海を忘れた民族性が育って来るのである。

慶長の初め、前田利家は徳川家康に忠誠を誓うしるしとして、その母芳春院を江戸へ人質として送った。そしてその母を見舞うために慶長八年（一六〇三）江戸へ出た。それが一つのきっかけになったといわれるが、慶長十四年（一六〇九）以降ば幕府の内旨によって強力な大名を江戸によびよせ越年させることにし、慶長二十年（一六一五）にはこれを制度として確立し、永久に動かないものにしたのである。大名たちは江戸に屋敷を持ち、そこに妻子をおいて、幕府に監視せられることになった。大名たちは一年は国許にいて政治を見、一年は江戸へ出て生活するという奇妙な生活をしなければならなかった。

いっぽう江戸では女が国許へのがれかえることを極度に警戒し、江戸を出ていく女の取締りを厳重にした。

同時にまた江戸の町を反映させるために各地から人寄せをした。「町方書上」という記録を見ていると、江戸商人のめぼしいものはほとんど地方出身であり、ことに上方の者が多かった。京都・大阪・伊勢などからたくさん下って来たのである。

江戸の大名屋敷（毎日新聞社・明治大正60年史より転載）

これら地方から入り込んだ町人、三河から来た武士、参観交代のために江戸に仮住する地方大名とその家臣たちによって江戸の町はつくられたと言っていい。
この仮住の仲間はそれぞれ別に郷里をもっているのであるからどうしても郷里との間を往復する機会を持つ。そこで江戸を中心にして全国各地にいたる交通網がつくられることになる。
まず整理されたのは東海道である。もともと東海道は早くから発達を見ていたのである。かつて鎌倉に幕府のあったことがあり、後に関東管領が鎌倉にいて、鎌倉と京都の間の往来は盛んでその途中に多くの宿場があった。だから江戸幕府ができて宿駅の制度が確立するようになってからも、新たにもうけられた宿場は箱根・袋井・石薬師（元和二)・川崎(元和九)・庄野(寛永元)・吉原(寛永十)の六宿にすぎなかった。それ以外のものはすでに存在していたのである。そして宿場というからには、そこに宿が存在していたのである。

家康は宿場に対して伝馬を三六頭ずつ提供することを命じ、馬一頭について三〇坪乃至四〇坪の地子(地租)を免除した。すると最低一〇八〇坪から一四四〇坪くらいが地子免除の恩典に浴することになる。多いものになると品川宿のように五〇〇〇坪というのもあった。その地子を免ぜられたところに町家が発達する。

伝馬を利用する者は家康から伝馬朱印という文書をうけた。それには使用できる馬の頭数も示されている。この朱印状を示すと、宿場ではそこに明記せられているだけの馬を無償で次の宿場まで使用することを許した。こうして伝馬の制度がはじまるが、伝馬の常駐するところを宿と言ったのである。

宿場には旅籠屋がおかれ、また本陣がもうけられる。本陣は大名のとまる宿である。大きい宿駅には本陣が二つもあり、そのほかに脇本陣がおかれる。

宿と宿との距離は二里乃至三里くらいであったが、中には御油と赤坂の間のように一八丁というのもあれば、小田原・箱根間のように四里八丁というのもあった。しかし、歩いて疲れて一服し食事のとれるくらいの距離に一つずつの宿のあるのが理想であった。東海道は江戸から京都までの間に五三宿、中仙道は板橋から守山までの間に六九宿あった。

宿場・伝馬の制度の比較的よくととのった街道は

東海道　品川より守口まで五七宿

中仙道　板橋より守山まで六九宿

日光道中　千住より鉢石まで二三宿
甲州道中　内藤新宿より下諏訪まで四四宿
奥州道中　白沢より白河まで二七宿

の五街道であったが、そのほかの道でも大名の通る道であれば本陣がおかれ、また旅籠のおかれた宿場があり、その道路網は全国におよんだ。

本陣（近江草津）

街道には旅程をはっきりさせるために一里塚をもうけた。そしてそこに木を植えた。関東では榎木が多かったが、関西では松が多かった。また夏の道中が楽なようにと道の両側に松の植えて日かげにした。土地によっては杉を植えたところもある。日光の例幣使街道、箱根山中、さらに熊本市から大津にいたる加藤清正の植えたという杉並木は見事である。

また街道の諸所には関所や番所をおいて通行人を取調べさせた。中世のように関銭をとることはなかったが、関所で取調べられることは通行人にとっては迷惑であり、とくに関所では女の取調べが厳重で、頭髪の中まで一々しらべたという。

こうして人びとの往来はようやく多くなったが川には橋のないものが多く、また山坂の多いために車が発達しなかった。これは陸上交通の上から言って致命的な欠陥であると言ってよかった。

宿場と伝馬

街道のことについてはもう少しふれておこう。街道を利用するのは旅人であるが、旅をするためには多くの人の世話にならなければならない。夜になれば宿をとらねばならず、重い荷があれば誰かに持ってもらわなければならない。また相手に通知するためには飛脚もつかわねばならぬ。つまり旅をするにあたっては、それを助ける多くの人があって初めて安全な旅をすることができる。

江戸時代に入るとそういうことに対する設備は大いに整って来た。参覲交代をおこなうためにはまず大名が大勢の家来をつれて街道を行かねばならぬ。その設備だけでもたいへんなものであった。次にその家来たちが江戸と国許の間を往来しなければならない。そういうことが円滑におこなわれるためには、交通の事務を管理する役人が必要で、初めはこれを道中方とよび、譜代の大名や代官がこれにあたったが、万治二年（一六五九）からは道中奉行がおかれた。そしていろいろの制度が整えられることになるのだが、宿場になれば地子免除があると言いつつ、一方では冥加金などというものをとりたてていたのである。その一例として、東京の新宿をあげてみよう。東京の新宿は元禄十一年（一六九八）に新設せられたもので初め内藤新宿と言った。そこに内藤氏の下屋敷があったからである。甲州道中はその道のひらかれたころ、日本橋から高井戸までの間に宿場がない。すると高井戸の伝馬は高井戸と江戸の間を往復しなければならない。往復すれば十三里ほどになり、一日仕事である。たいへん困っているので浅草阿部川町の名主喜兵衛らが願い出て、内藤氏の屋敷地内に幅五間半の道をひらき、両側に家をたて内藤新宿と名付けたのである。幕府はこの計画には必ずしも賛成でなかったので、喜兵衛たちは五六〇〇両を献納することを条件に願い出てゆるされた。しかしこれは一年に納めるのではなく、分割して年々納めることにし、一年に二〇〇両あまりずつを納めた。ところがこの宿場は風儀がわるく、刃傷沙汰なども多かったので、開かれて二〇年目には停止を命ぜられたのであった。

廃止になってみると不便この上もない。そこでまたまた嘆願してゆるされたのが安永元年（一七七二）であった。もともと宿場が廃止になったからと言って宿屋がなくなったわけではない。宿屋は五

甲州街道四谷大木戸跡

二軒ほどのこっていた。それでは少なすぎるので、あらたに三〇軒ほどふやすことにし、また宿の中ほどに問屋場をもうけ、そのまえに高札場をおき、また本陣をもうけた。また年貢は一年に一万両一分余をおさめ、ほかに冥加金として年々一五五両おさめることにした。こうして再開されるのである。地子は免除されても、特権をみとめてやったから冥加金をとりたてるというのである。それはそのまま宿全体の負担になって来る。と同時に旅人にははねかえって来

るものである。

宿場は小田原・静岡・浜松のような城下町があてられているものもあれば、街道ぞいの農村があてられることもある。それも一村一宿ということもあれば二村で一宿をたてることもある。

そして伝馬役は宿場の表通に面している家に表の間口に応じて課せられることになっていたが、それも宿駅の中央と端とでは利益がちがうから差をつけるところもあった。ただし、江戸や静岡・浜松のように大きい町では街道沿いの家のみに伝馬役をかけるわけにもいかぬので、町のうちのある地域を伝馬町としてそこへ伝馬役をかけた。東京にいまも町名ののこっている伝馬町はそれで、もとは大伝馬町・小伝馬町・南伝馬町の三町から成っていた。また浜松にも伝馬町があった。

街道の村々が宿場として成立したころには、大半が農家であったから馬を持っている者が多く、また馬の飼料も得やすかったのであるが、荷駄の仕事のみするようになると、農業からしだいにはなれて来、馬の飼料も買わねばならなくなる。するとなかなか高くつく。それでは役金だけでは足らない。そこで街道沿いの家々ではしだいに馬を飼わなくなった。すると臨時の継立《つぎたて》のあるような場合、宿駅の馬だけでは不足することもしばしば見られるようになる。その上伝馬というのは幕府の朱印状を持った者はただで使用ができる。伝馬朱印状を持って宿場の問屋へゆくと、それをしらべてみて間違いなければ馬を出す。その回数がだんだん多くなると、伝馬もふやさなければならぬ。品川の宿など、宿場としてはもっとも大きなもので、寛永十七年（一六四〇）には一〇〇頭にふやしている。しかし後には東海道のどの宿もだいたいおなじようになっていった。

伝馬は無賃で使われ放しではなく、伝馬朱印を持っていない者からは駄賃をとったのである。それも馬への積荷の量をきめて、駄賃をきめた。慶長七年（一六〇二）の定書には伝馬三二貫、駄馬は四〇貫とし、人の乗っている場合には一八貫を限度とし、元和二年（一六一六）には伝馬・駄馬ともに四〇貫になる。

戸塚の宿（広重画）

ところが人の往来がはげしくなり、幕府関係の役人その他の旅行のときはおびただしい人馬を必要とするので、不足の人馬を宿の周囲の村で負担させられることになる。これが助郷である。はじめは一定のきまりはなかったが、元禄七年（一六九四）に助馬と助人足を出す村と出す数がきめられた。これを記録したものが助郷帳であり、原本は宿場に、写は助郷村においた。

助郷には定助郷と大助郷があり、宿の近くの一、二里程度のところにあるものを定助郷、五、六里以上のところにあるものを加助郷または大助郷と言った。宿の中には箱根・由比・伏見のように助郷のないものもあり、岡崎から大阪までの間は定助郷がなく大助郷だけであった。東海道以外では助郷のきまっていない宿も多かった。

定助郷ははじめ石高一〇〇石に馬二頭、人足二人の割合であったが、年を追ってだんだんふえていき、享保年中には五〇〇人、安永天明のころには三〇〇—四〇〇人の多きにおよんだという。とくに日光道中のように将軍の参拝となれば何万という人が動く。そのために狩り出される。一万一二五五ヵ村から延べにして馬四五六万六九二〇頭が徴発されたこともある。

このように助郷なるものが農民にあたえた負担は大きかった。そのために一揆を組んで抵抗したこともしばしばであり、また農事のいそがしいときいちいち出ていく煩にたえかねて、やむなく金をおさめて夫役をのがれる者も出た。すると宿ではその金で人をやとって継立てにあたらせた。それが雲助である。雲助はたいてい仕事にあぶれた者で安い賃銭でやとわれた。

旅と物乞い

助郷の負担の重くなったのは一つには宿のかけひきによったものでもあった。宿場は割当てられた人馬をなるべく伝馬に使用しないようにする。これは無賃だからである。そしてできるだけ助郷の人馬を使うようにする。また雲助を使う場合にも助郷村からおさめられる金の上まえをはねてできるだけ安く雇うようにする。するとそれでは生活がむずかしいから雲助は悪事を働くことにもなる。

が、いずれにしても街道の開設は庶民一般の往来の便益を主眼としたものではなく、大名や武士を対象としたものであったから、そこに多くの無理があり、その無理をみんな民衆に押しつけてしまったのである。たとえば川があっても橋はなかなかかけようとしない。大井川のように渡し船さえない川もある。

交易を中心にして交通が発達したものならば、あるいは車ももっと発達したかもわからない。また荷物の運搬にももっと工夫が見られたであろう。海の方にはそうした工夫がかなり強く見られるのである。

人の往来が盛んになればなるほど沿道や付近の村々がうるおってくるのならともかくとして、むしろそれが負担になり農民の生活を圧迫するようなことが平気でおこなわれていたことに近世の交通制度の大きな矛盾があった。

しかし、そうした矛盾はあったとしても、人の往来の多い東海道筋には多くの人が集って来た。その人たちはもともと人の往来によって負担をこうむる人ではなく、むしろこのためにうるおう人びとであった。茶屋・飲食店・宿屋をはじめ芸人から乞食まで、実におびただしい群衆が街道を右往左往していたのである。

元禄四年（一六九一）長崎から江戸へ旅行したエンゲルベルト・ケンペルの紀行文は東海道の様子を実にくわしく描写している。それによると、日本列島の村や町には大小の宿茶屋・料理屋が四時の別なく多数おかれていて、無数の遊女たちが、毎日昼になると衣裳をととのえ、顔を描いてあらわれ、ある者は軒の下に立ち、ある者は家の前の小縁や置座にすわって、美しい言葉で笑いながら道ゆく旅人によびかける。他の家よりこちらがいいですよといって、とくに宿場の村では宿が軒をならべ、女たちのあだっぽい声がむしろかまびすしいほどである。相並んでいる御油・赤坂はとくに遊女の多いので知られており、両側の家はほとんど宿屋であるが、宿屋というよりはむしろ遊女屋で、どの家にも六人七人の遊女が居る。この両地は遊女の一大貯蔵庫であり、衆人共通の搗き臼があるようなものだといわれており、ここに泊るものは遊女と関係しない者はないと言ってよい。

また途上には無数の小商人、子供たちがいて、朝から晩まで道をかけまわって旅人を追いかけて持っている貧しげな商品の押売をする。その一番多いのは食物で、それも砂糖をあまりつかっていない駄菓子である。また道中案内を売る者もある。草鞋・縄・細引・小楊子のようなものから、その土地でつくられたいろいろのものが売られている。

乞食も多い。病める者、たくましい者、祈禱をする者、胡弓・三味線をならして歌うもの、手品をするもの。あるいは道ばたに祭壇をつくってそこに仏像を祭って観音の信仰をすすめる者。その他山伏・比丘尼などが道ゆく人によびかける。比丘尼というのは一種の乞食の尼僧で、歌をうたって旅人から喜捨をうけるものである。彼女たちはたいてい山伏の娘で、頭を剃り、頭巾をかぶり、その上から軽い帽子をかぶっている。しかもこれらの比丘尼の中には若く美貌の者がたいへん多い。そこでつい喜捨も多くなるのである。

そういうのはまだよいとして興津付近では道に面して九軒か一〇軒の小綺麗な家があり、そのまえに一〇歳から一二歳くらいまでの男の子を、美装し顔には化粧して女のようにさせてすわらせている。これはいわゆる男色の対象にせられる少年たちで、またそういうことに興味を持つ男たちはそういう少年たちを相手に秘密な肉慾と娯楽にふけるのである。しかも外観をよそおい、世間のそしりをまぬかれるために、表面は子供たちに膏薬を売らせている。

ケンペルの一行は江戸から長崎への帰途もまたいたるところで物乞にとりまかれて苦しめられている。

つまり貧しい人びとは街道筋に出てあらゆる手段によって人目をひき物乞をしたわけである。しかも物を乞う者は若い娘たちと子供が多かったという。それはそのまま日本の農村の貧しさと、人間尊重とはおよそ縁遠い社会状況をそのまま露呈しているように思うのである。

そこでもう少し東海道の様子にふれてみたい。

東海道宿場スケッチ

東海道の最初の宿場は品川であった。ここは歩行新宿・北本宿・南本宿の三つにわかれており、北宿と南宿の間を品川が流れている。

初めは荷の継立てを主とした宿場であったが伝馬役ばかり多くかかって宿の負担が重いので宿場の生活はかなり苦しかった。この宿場には旅籠屋が多かったが、本宿の方は宿屋一軒に二人、歩行新宿は一人の飯盛女をゆるされた。名は飯盛女であるが、万治二年（一六五九）売春をみとめられたので一種の遊女であった。

しかし品川には飯盛女のいない平旅籠もたくさんあったが、江戸を出た旅人は品川を素通りしていく者が多く、また江戸に入る客もそこまで来ると江戸が近いので一気に江戸まであるくのが普通で、伝馬や駄賃の人夫のみがいそがしくしていた。

それではどうも面白味がないというので、幕府へ願い出て明和元年（一七六四）に大旅籠九軒、中旅籠六六軒、小旅籠一八軒、計九三軒に対して飯盛女五〇〇人をおくことをゆるされた。一軒あたり五人以上になる。一軒に一人二人の飯盛女では、あそびを目的とする旅人にとっては目的がかなえられないから、足をのばして江戸を志すものも多かったが、一軒に五人も六人も居るということになれ

品川の宿（広重画）

ば、かなりの者が欲望をみたすことができるので、にわかに宿泊する者も多くなり、またそれにつけてひそかに飯盛女をふやし、天保十四年（一八四三）には旅籠屋九四軒に一三四八人の飯盛女がいて制限をはるかにこえていることがあきらかになったために、旅籠屋の主人すべてと無届の飯盛女が罰せられたことがあったが、後間もなくゆるされて繁昌をとり戻した。

当時宿場で人をひきつけ宿泊させるためには飯盛女を利用することが唯一の手段のように考えられていたのである。しかもここの宿の名をみると、伏見・上総・広島・信濃・伊豆・三河・相模・紀伊・丹波・松坂・大津・大和・近江・金沢・奈良・桑名・大阪などの地名を見出すから、それらの家は多分そうした土地から来て定住し、宿屋を営んだものではなかったかと思われる。女郎のあげ代は最高で銀一〇匁、最低で銭二〇〇文というのもあった。「品川女郎衆は一〇匁」という民謡もそうしたところから生れたのである。通りがかりの旅人が一夜泊りで欲望をみたしてゆこうというのであるから、安上りでなければならなかったのであろう。

品川の西で旅籠屋の多かったのは藤沢であった。遊行寺の門前町から発達した宿場で、江戸中期には五三軒の旅籠があり、そのうち二七軒に飯盛女がおり、別に女郎だけをおいた揚げ屋もあったから一〇〇人ほどの飯盛女がいたであろうと推定せられる。そしてここには三九基もの飯盛女の墓ものこっている。

小田原は城下町であり、箱根へのぼる坂下の宿でもある。その上広重の絵によると町の東を流れている酒匂川には橋も船もなく、大井川同様に徒歩わたりであった。それだけにこの宿場にはときに長逗留する客も多かったと思われる。宿などもかなり整ったものがあったと思われるが、弥次郎兵衛と喜多八の二人はここの宿にとまり、五右衛門風呂へ底板をいれてはいることを知らず、喜多八が下駄をはいてはいって底を踏みぬく話がある。もとより一介の虚構にすぎないけれども、当時の旅宿の風呂がどんなに粗末なものであったかを知ることができる。

五右ェ門風呂(東海道中膝栗毛)

三島と次の沼津にも飯盛女がいた。弥次郎兵衛たちは三島へとまっているが、道の両側から女たちが「お泊りなさいませ」とよびかけ、また出て来て袖をひっぱる。夕方の宿場はそういうことでごったがえした。宿へつくとまずたらいに湯をとってもらって足をあらい座敷にあがる。それから風呂に入る。また宿帳もつける。そして女中が飯を持って来る。女郎の有無を聞く。「さみしけれ

遊廓（東海道中膝栗毛）

ばおよびなさいませ」ということになって、女をよぶ。街道をゆく旅人はこういうことをするのをあたりまえだと考えていたようである。

静岡は江戸時代には府中とよばれた。慶長十年（一六〇五）徳川家康が隠居して元和二年（一六一六）死にいたるまでここにおり、大いに栄え、家数も三五〇〇軒にのぼった。そして旅籠の飯盛女とちがってここには遊廓があった。しかも七ヵ町におよぶ広大なものであったといわれ、その一部が元和三年（一六一七）江戸吉原に移された。「膝栗毛」にも

「馬をおりて廓へ入って見るに両側に軒をならべて、店の様子は東都の吉原に大体似ている」

とあり、広重の東海道にもこの遊廓が描かれている。

浜松も城下町で旅籠屋は多かった。そしてここでは宿引は宿場からかなりはなれたあたりまで出て客をひいていた。「膝栗毛」には薬師新田をすぎて鳥居松近くになったところで宿引が出て来ていたとある。声をかけられるままに、喜多八が、女のいいのがあるなら泊ろうというと、宿引はずいぶん居ると答える。飯も食わせるかといえば、あげませいで、お茶は当所名物の自然薯・しいたけ・くわい・とうふにこんにゃくの白あえなどであるという。当時の旅宿のお茶と言えばそんなものであったろうと思われる。魚は海岸でなければあまりたべなかったよ

うである。

吉田は今の豊橋、城下町で宿場になっている町は長さが二三丁もあったという。そこをすぎると御油・赤坂になる。この二つの宿についてはケンペルの紀行文をあげた。ともに飯盛女の多い町であった。御油には一〇〇軒の旅籠屋があり、三〇〇人の女郎がいた。また万治元年（一六五八）の「東海道名所記」には

「赤坂の宿に入ると宿ごとに遊女がおり、立ちならんで旅人をとどめる」

とある。広重の絵にも宿屋の飯盛女のさまが描かれているが飯盛女は一〇〇人もいた。その西の藤川も旅籠・茶屋が一〇〇軒もあり、飯盛女が三〇〇人いた。

御油の宿の留女（広重画）

岡崎もまた城下町であり、宿屋にはそれぞれ女郎がいて行く人の袖をひいた。宿屋の数も一四〇軒ほど、女郎の数も五〇〇をこえたであろう。そして岡崎女郎衆は東海道でその名を知られたほどでもてなしがよかった。と言ったところでお世辞を言うでもなく、おしゃべりでもない。それほど美人もいないけれども、三味線をひき酒席のもてなしをし、身のまわりのことをよく手伝ってくれる女たちであ

ったというから、今日で言う行き届いたサービスが見られたのであろう。そしてその故に天下にその名を知られたのである。そしてそのもてなしのよさに人びとは岡崎の宿をえらんだのであった。

みやで泊ろうかお亀にしよかただしゃ岡崎よい女郎しゅ

という馬子歌もあった。

池鯉鮒も旅籠の多いところ、したがってまた女郎の多かったところである。

吉田・御油・赤坂・藤川・岡崎・池鯉鮒など三河の国の宿場はどうしたものか女郎が多く、その女郎のもてなしのよいので知られていた。そしてそのような宿場へは旅人がとまるだけでなく周囲の農村の若者たちで、通うものが多かったといわれている。

名古屋の宮の宿での旅籠のさまは「膝栗毛」に見ごとに描かれている。駕籠が宿に入ると家ごとに客をひきとめようとする出女の声がやかましい。

「あなた方はおとまりじゃおませんか。お湯もちんちんわいておます。お相客はおません、おとまりなされませ、おとまりなされませ」

と女たちは声をはりあげて客をひきとめる。そして

「お湯をあげうず、足がよごれてなけらにゃ、すぐおふろにおめしなされませ」

と女たちは荷物を座敷にはこび、茶を持って来てすすめる。宿へはいろいろの商人が物を売りに来、また盲人があんまをすすめに来る。そのほか寺社造営の寄付をたのみに来るものもある。ここは桑名まで海上七里を渡らねばならぬ。その船を待つため宿屋も多く、旅籠屋は二四八軒もあったといわれる。したがって飯盛女も多かったことであろう。

広重の東海道図には関の宿は旅籠の絵が出ている。店先に諸国商人衆定宿、江さき屋の看板があり、店の板間に腰をおろして、たらいで足をあらっている男がある。また旅人の袖をひいている老女もいる。水口では木賃宿の絵もある、この方は家のまえで男が藁を打っている。山伏や順礼はこういう宿へとまったものであろう。

石部宿（広重画）

石部宿の旅籠屋の絵は、この宿の旅籠がなかなかりっぱであり、今日の宿に近いものであったことが知られるが、旅籠の多いのは水口であった。ここには一八〇軒の宿があったといわれている。

以上東海道の宿場の主要なものをほんの少しばかりスケッチして見たのであるが、ほとんどの宿場に飯盛女とよばれる安女郎のいたことが知られる。それらの中にはただ売春だけのものもあり、三河路の女郎のように旅客の身のまわりの世話もするものもあった。そして遊芸のたしなみも多少あったということは、ずっと古く、中世以前にさかのぼって遊女たちのおもかげをそこにとどめていたとも見られるのである。

もともと遊女は貴人を迎えてもてなすためのものであったが、街道を往来する旅人が多くなると、おのずから売春が主になって来たのであろう。そしてそれぞれの宿にこのような女たちが居ることによって旅をたのしいものにしていたとも言えるが、しかしこれらの女は多く農村の出身で、「膝栗毛」では土地の方言で話しかけている女郎が多いし、また、色が黒かったり、大きな身体をした女郎のことが書かれている。そういう女たちは家が貧しい故に売られて来たものが多かった。だから売春だけではなく旅籠で女中同様に働きながら、夜は客の相手をしたものも多かったと思われる。芭蕉の俳諧七部集「すみだわら」に

うわおきの干菜きざむもうわの空　野坡
馬に出ぬ日は内で恋する　芭蕉

というのがある。多分宿の女中をしている女であろう。それが馬の世話しに出ない日は家で御飯の上にのせて焚く干菜をきざんでいるのだが、家の中にいるので恋している男を見ることができない。そこで干菜きざむ手もうわの空になっている。この女は飯盛女ではないかもわからない。だがこの時代のことなので、うわの空になるほどであると、すっかり結ばれている仲のように思われる。男は馬方か何かであろう。旅籠の下女の心を実にたくみに描写している。

そしてこのような句からも推測されるように、昔の街道の宿は、商人宿、馬方宿として一夜限りの客をとめるものが多く、また一人一部屋というような場合はすくなく、相宿で何人もの人が一部屋にとまったのである。

しかも「旅行用心集」など見ているとぬれ手拭をほす綱まで持ってあるくことを注意しているから、部屋の中に調度らしいものもなかったし、部屋と部屋との仕切も唐紙一枚きりであった。

それにしても、東海道は宿場の制度がととのっていたから旅は楽であった。

関所手形

旅をするにはいろいろの制限があった。貞享四年（一六八七）の記録によると、道中筋で一人旅人が宿を借ろうとすると貸さない宿があるというが不届である。不審な者でさえなければとめなければいけない、と言っている。しかもそれまで押しなべて一人旅人には宿を貸さないと聞いているとあるから、旅を一人でする場合には宿を借ることはできなかったものであろう。

また旅人の儀は諸用がすみしだいさっそく出立するようにし、いつまでも差し置いてはいけない、旅で勝負がましい事をしてもいけないといっている。

また行商などの旅をするにしてもコース・日数・宿泊所はきまっていて、道中や行商中に勝手に他へ泊ってはいけないとせられていた。

その上各地に関所や番所があり、そこを通るときには関所手形が必要であった。手形には所持者の名や住所を書き、さらに旅の目的を明記する。これを発行するのは旅をしようとする人の村の庄屋・名主・檀那寺などであり、檀那寺が出されたものにはキリシタンの徒ではないと記されている。

この関所手形を持たないと関所は通れないし、抜道を通れば関所破りということになる。

とくに箱根の関所では西へ下っていく女を厳重にしらべた。それは人質として江戸にとめている大名の妻がひそかに国許へかえってしまうことをおそれたからである。そして箱根には人見女をおいた。これは箱根宿の農家の主婦が二人一組で交代してつとめていた。

関所まえには千人溜という通過人のあつまる場所があった。関所には上の間に番頭と横目付が各一人居り、番所詰所に平士三人、平士助一人、定番三人がおり、向番所に足軽小頭一人、足軽一五人がつめていた。女の場合は通行人が手形を差出すと上番衆が車座になってしらべ、次に人見女がしらべる。たいていは髪をといて、頭髪の中へ何か入っていないかをしらべる。それから通してくれるのだが、不審な点があると別室で裸にしてしらべることもあったという。

女の旅がどんなにめんどうであったかは手形の書き方の中にもうかがわれる。慶安三年（一六五〇）に三河（愛知）岡崎の女二人が江戸へいったことがある。それに対して名主鈴木九太夫は城主水野監物へ、

「三河国賀茂郡則定村の女二人が江戸へまいりますから新居の関所を間違いなく通していただくように裏判をしていただきたい。もしこの女たちにいざこざがおこったとしたなら、私が出ていろいろ事情を申しあげます」

と書いている。すると水野監物は新居関所の役人に

「表書の女二人を通してやって下さい。鈴木九太夫の断書きは本文にある通りです」

と裏書している。これによって新居の関を通り、また箱根をこえることもできたのであろう。

それだけではなかった。旅の女を通さない関所、男女にかかわらず旅人はいっさい通さない関所もあった。武蔵の西部の多摩郡と甲斐との境にある上椚田や桧原の関所では

「女ならび旅人は一切通し申さず、近在の女はその所の名主証文をもって相通し申し候」

などとある。どうせ間道なので通る人も少なかったのであろうが、間道であるが故にかえって身に暗

さを持っている者が多く通ったのかもわからない。
箱根山にも箱根以外に河根・谷ケ・仙石原・矢倉沢の四つの小さな関所があったが、そこでは
「女は一切相通さず、小田原領の女は領主家老の証文を持っている者を通す」
とある。
また相模津久井郡の鼠坂・青野原なども
「他所の女は一切相通さず、津久井領の女は親類縁者があり、見知りの者なら通してよい」
とある。江戸を中心にして四方へ通ずる道のうち間道における女の取締りがいかにきびしいものであったかを知ることができるのであるが、そのほかでも女の通行を厳重にした関所は多かった。

箱根旧街道の杉並木

さきに述べたように大名の妻を江戸へおくということは人質をとっていることであり、その女に江戸からひそかにぬけ出されることは幕府としては許せなかった事であろう。だがそのために一般民衆のこうむった束縛や生活上の被害は言葉につくせないものがある。そして関所手形にも女の様相と種類をこまかに記載しなければならなかった。禅尼・尼・比丘尼・髪切・小女・乱心女・手負女・鉄漿《おはぐろ》つけ小女・懐胎女・

盲女などと一見してわかるようなことを記した。

女の通過だけでなく、鉄砲の江戸へ入ることも極度に警戒し、「入鉄砲と出女」という言葉もできたほどであった。

しかも関所は天領とよばれる幕府領や譜代大名の領地にあったばかりでなく、それぞれの藩でもその藩境に関所をもうけて、往来のものを取締まっていた。これを口留番所と言った。口留番所の方は女の取締りはそれほど厳重ではなかったが物資の移動に多大の注意が加えられた。領内の物資がむやみに他領へ流出することをおそれたもので、飢饉のときなどはとくに厳重をきわめ、米一粒たりとも他領へ出さないようにした。これを津留といったが、一方には食うものがありつつ、その移動が禁止せられたために他方で多数の餓死者を出すというようなことはきわめて多かった。

このようなありさまであるから旅行く者の足はおのずから重くならざるを得なかったのである。ただ順礼や参拝者に対しては取締りがややゆるやかであった。そのために村人たちで順礼・参拝に出るものはきわめて多くなったのである。そしてまた参詣の旅で民衆は多くのものを学んで来たのであって、人は昔から旅をして広い世間を見たがっていた。

七　いろいろの宿

参覲交代と本陣

大ぜいの人をひきつれてゆく旅を大名旅行という。大名の旅行というものは実に多くの家来、供人をつれて歩かねばならなかった。将軍の旅行となればもっとおびただしい人が動く。徳川吉宗が日光へ参拝したときには供奉の者だけで一三万三〇〇〇人に達したという。したがってその行列のために狩り出された百姓町人の数も二二万八三〇六人、馬の数が三二万五九四〇頭にのぼった。それだけの者が自分の仕事をやめて、ただで奉仕しなければならないのである。

大名の行列はその何十分の一であったにしても、大名は一人ではない。それが参覲交代のために一年は江戸へ、次の年は国許へ旅をする。大名も徳川幕府以前から大名であった外様大名、徳川家に仕えて大名になった譜代大名、それも関東以外に住むものと関東に住む者にわけ、入替りをする月を区別した。外様大名は東西に分けて、毎年四月を入替りとし、譜代大名は六月、関東に住む譜代大名は在府在国を各半年とし、八月に交代するものと、二月に交代するものにわけた。

それも初めの頃は質素な旅であった。彼らはそれまで長い間戦争をし続けて来た。だから野営することにもなれていたし、まずい食物にもなれていた。だから国許と江戸との間を往復するにあたっても、道中の宿場の民家のうち庄屋などしている大きい家を借りて大名はそこにとまり、家来は付近の農家に分宿したものであった。それも、その土地の領主に一々諒承を得てのことであった。ところがそういう家が後にはしだいに宿のようになって来た。百姓たちは大名をとめるからはじめは大名宿と言っていたが、寛永年中から、本陣というようになった。

もともと本陣というのは戦のとき大将の居るところである。参覲交代も大名には軍旅の意味があった。だが大名旅行が華美になるにつれてその宿をつとめる本陣の建物もりっぱになって来たのである。そして大名の往来の盛んな東海道筋では一つの宿場に本陣が一軒ではすまず、箱根や浜松には六軒もあった。そして東海道全体では五三宿に一一一の本陣があった。他の街道はだいたい一宿一本陣で事足りた。

日光

本陣がふさがってしかも大名がもう一組やって来たというような場合には脇本陣を利用した。これは建物も設備も本陣よりはおとり、一般に本陣の数より少なかったのであるが、例外はあって、中仙道（中山道とも書く）の大宮宿のように本陣は一つなのに脇本陣が九もあった例がある。東海道では七三の脇本陣があり、脇本陣の多かったのは小田原・桑名四軒、保土ケ谷・戸塚・三島・吉原・江尻・岡崎が三軒であった。一般には一宿一軒というのが普通である。

本陣や脇本陣にとまる資格のある者は勅使・院使・親王・門跡・公家・大名・旗本であったが、おなじ宿場に二人の大名がぶつかることのないようにできるだけ注意して日程をたてたが、実際には日程通りにゆかず、川止めなどがあると川のほとりの宿場には幾組もの大名がかちあうことがあり、その宿割りには頭をなやましたものであった。

ところが大名には多くの家来や供人がつきしたがう。「護花園随筆」によると次のような人数であった。

二〇万石以上　馬上一五騎より二〇騎まで、足軽一二〇―一三〇人、中間《ちゅうげん》二五〇―三〇〇人

一〇万石以上　馬上一〇騎、足軽八〇人、中間一四〇―一五〇人

五万石以上　馬上七騎、足軽六〇人、中間一〇〇人

一万石以上　馬上三騎、足軽二〇人、中間三〇人

すなわち、多いものになると一行四五〇人にのぼるものもあったわけである。こういう大きな一行になると、小さい宿場ではとまることができない。足軽・中間のとまる場所が得られなくなるからである。一万石ほどの小大名でも六〇人近い人数の旅である。

しかし大名の旅行は街道沿線の者にとってはもうかる旅人であった。中間は大名直属の人夫で、一種の通し人足になるわけである。だから宿場や助郷の者がその人足として狩り出されることは少ない。仮に出ても無賃ではない。長持や明荷《あけに》を運ぶために宿継人馬が徴発せられても規定の賃は払われたものである。ただ箱根だけは道中も長く坂も急で、中間たちだけで峠をこえることがむずかしかったから、臨時の人足を多く使った。しかも箱根宿には助郷がなかったから雲助を多く使っていた。

関の本陣（広重画）

本陣・脇本陣の規模は他の旅籠とくらべものにならぬほど大きなものがあり、設備もととのっていた。それから本陣・脇本陣の中で、規模のもっとも大きかったのは、鳴海本陣で六七六・五坪であった。それに次ぐものは草津本陣田中家四五九坪、大津本陣大塚家三九四・五坪、吉原本陣長谷川家三九二坪、江尻本陣寺尾家三九〇坪、関本陣川北家三九〇坪、草津本陣田中家三七五坪、伏見本陣三五一坪、吉原本陣神尾家三四〇坪、亀山本陣三三八坪、土山本陣土山家三二五坪、吉田本陣中西家三二七坪、知鯉鮒本陣三〇四坪など、三〇〇坪以上のものが一三軒にのぼっている。いかに大きな家がつくられていたかを知ることができるのであるが、脇本陣は本陣に比して一般に小さく、一〇〇坪足らぬもの二九軒をかぞえ、一番小さいもので岡部に三四坪というのがあった。これは一般農家とたいしてかわらぬものであった。

東海道沿線にあったこれら一八四の本陣のうち今日までいちおう旧態をとどめているのは土山の土山家、石部の小島家、草津の田中家にすぎず、いかに変遷がはげしかったかを知ることができるが、そのうち焼失したものが二一、こわしたものが一六、売ったり退転したものが一四あり、焼失の多いのにおどろく、明治維新以降いかに多くの火事があったかを知ることができる。また大きな家を維持しかねてこわしたものもあり、売ったものもあり、没落したものもあって、東海道筋では一〇〇年ほどの間にほとんど姿を消したのであった。

今比較的旧態をとどめている草津の木屋本陣とよばれた田中家が本陣になったのは寛永十二年で、明治三年まで二三六年間本陣をつとめている。

今にのこる本陣

東海道の本陣が多く姿を消してしまっているのに対して中仙道にはなお多くの本陣がのこっている。めんどうでもあげてみよう。まず浦和は脇本陣星野平兵衛・星野豊後の二軒がのこっている。桶川の府下家はずいぶん取りこわして一部をのこしている。深谷は比較的完全な形でのこり、倉賀野は脇本陣の須賀家がのこっている。板鼻では本陣あとが安中市役所の出張所になってのこっている。横川の茶屋本陣の武井氏宅はいまも古いおもかげをとどめている。

小田井は本陣ものこっており、本陣の記録もたくさんのこっているので知られている。八幡宿も脇本陣が二軒とも昔のおもかげをとどめている。望月も脇本陣の高野氏の家がのこる。長久保の石合家もよく保存せられた本陣であり、和田の本陣長井家も今にのこっている。美濃太田の脇本陣林家は主人がすぐれた郷土史家であったためもあって、その家がほとんど完全な形でのこっている。

美濃赤坂の脇本陣は今ものこっていて宿屋をしている。今須の本陣ものこっている。

以上中仙道では本陣としてのおもかげをとどめるものが一六軒もある。中仙道の場合は本陣をつとめた家が東海道ほどはげしい経済的変動をうけなかったのである。また本陣の建物そのものも瓦葺ではなく、もとは板葺、草葺が多く、最近はトタン葺にかえたものもあり、本陣と言っても東海道よりははるかに素朴になって来る。

中仙道の追分から信州路がわかれている。そこから善光寺にいたり、さらに越後路へはいる。この道すじには小諸の本陣上田家のあとが、今田村病院としてのこっている。いま坂城町に属している鼠にも本陣があった。ずいぶん改造されているが、面影はのこっている。

柏原にも脇本陣の中村家がのこっているが、今も行商人をとめているといわれる。

本陣が比較的のこっているのは中国街道である。大阪府の芥川には脇本陣桝屋がのこっており、茨木市道祖本の椿本陣は実によく保存せられているので知られる。また岡山県矢掛には本陣だった石井氏と、脇本陣の灰屋が仲よくのこっており、石井邸はほとんど改造を加えていない。広島県の神辺本陣も、比較的よく保存せられているので知られている。

矢掛本陣

このほか大阪府助松の本陣田中氏宅もよく保存せられており、島根県宍道の本陣は旅館を経営している。
東京から東北へかけては、茨城県の取手、神立などに本陣がのこっており、日光道中では壬生の本陣、奥州街道では宮城県金成の有壁本陣、会津越の越後道滝沢本陣がよくその面影をとどめている。

群馬県高崎からわかれて三国峠をこえて越後に入る三国街道は佐渡へもゆく道なので佐渡街道といった。その街道には三俣に脇本陣の池田屋がのこっている。門も何も持たず、いきなり道に面していて、群馬県横川の茶屋本陣に近い感じである。ソギ葺で石をのせていかにも素朴である。

このほかにかわっているのは海の本陣である。今私の気付いているものに瀬戸内海に二つある。一つは愛媛県弓削《ゆげ》島の上弓削、他は同じ愛媛県岩城島である。岩城島の本陣も完全に保存せられているが、主屋が道に接していて門構がない。一見すれば町家と何らかわりないが、奥へはいると大名のとまるにふさわしい居間や庭園がある。ここは松山藩主の本陣だったもの、上弓削は今治藩の本陣であった。船で参覲交代をするのでここを利用したのであろう。一般に船を利用して参覲する大名は船を港へつけても上陸することは少なく、仮に上陸しても茶屋で一服する程度であり、船の中で起居した。したがって本陣は発達しにくかったが、岩城島・弓削島は大名も上陸して一泊したのである。

以上各地の本陣の残存するものをあげておいたのは、やがては姿を消していくであろうと思われる本陣の現存するものの所在なりをたしかめておき、できれば建築様式、技術など記録してのこしておく必要を感ずるからである。

岩城本陣内部

おそらく江戸時代に一〇〇〇をこえるほどあったと見られる本陣の中、現存するものがこの程度にすぎぬ。一割に遠く達しない。わずかの間にこれほど消えてしまったのである。栄枯盛衰のはげしさを偲ばせて感慨ふかいものがある。

さて本陣の数は東海道がもっとも多く、ついで中仙道であり、他は本陣と脇本陣の二軒程度であった。これら本陣の建物の一宿当りの面積の広いものは一一〇〇―一二〇〇坪あるものが小田原・箱根・吉原・浜松・草津の五宿であり、中仙道は大宮の九八四坪がもっとも広い。これはそのままそこを通過する大名と家臣の量を物語るものであった。

大名行列

大名の通路は一定しているため、宿泊する宿も一定して自然定宿のような形になる。そこで参観交代の日がきまるとあらかじめそれぞれ泊る宿へ通知しておく。すると本陣は請書を出し宿泊料をきめる。大名はその旅行にあたって料理人まで連れていった。

家臣たちは本陣へとまるのではなく、本陣の近くの旅籠や民家へとまることになっていたので、それらの家々も予約しておかねばならぬ。それも一〇〇人以上の者がやって来るのだからそうとうの家数を必要とする。この宿を下宿《しもやど》と言った。北陸から信濃を経て江戸にいたる道は決してよい道ではないが、その道にそうた加賀藩の参観交代などたいへんであったと思う。二〇〇〇人近い大部隊が通行しなければならなかったからである。小さい宿では泊りようがない。今日の団体旅行にも大きいものがあるが、これだけの人数のほかに馬が加わるからさらに部隊はふくれ上る。

とにかくこのような大行列は少なかったにしても、一〇〇人から一〇〇〇人内外の行列が東海道は一年に一四六組通行し、奥州道中は三七組、水戸道中は二三組、中仙道は三〇組、日光道中は四組、甲州道中は三組が往来し、そのほか中仙道には例幣使が京都から日光までの間を往来し、東海道では京都の二条城・伏見城の番衆・大阪在番勅使などが毎年通過する。さらに朝鮮信使・琉球使・オランダ使節も通る。すべて行列をつくって街道を上下する。大名や勅使の上下には下座触が先に立って「下に居れ」と言ってあるく。これはもとは自分の領内に限られたものであったが、後になると他領を通るときにもおこなうものがあった。また大名が他領を通るとき、そこの大名から警固衆を出すことがある。その者たちが「下に居れ」と先触れすることがあり、これを馳走声と言ったという。

このように一般民衆に勢威を示そうとすると行列はおのずから華美にならざるを得なくなる。

まず牽馬がゆく。これは実に美しくかざりたてている。次に金紋先箱といわれる挟《はさみ》箱をかついだものがゆく。これを見ればどこの大名だということはすぐわかる。次に長柄の槍がいく。挟箱も槍も重いものだから途中で交代して持つ者がついている。次に具足櫃がつづく。これには大名の具足が入れてある。それから種子島銃をかついだ者、次が弓組、さらに伊達道具一対。これは槍の鞘を馬の尾・かもしかの毛・鳥の羽などでかざったものである。そのあとに一文字笠をかぶった供廻りの武士が従う。紋付を着、袴はつけないで尻端折をする。それから長柄傘を持った者、長刀を持った者たち、刀筒をかついだ者たちがつづき、大名の駕籠がゆく。次に立傘茶弁当をもった者、本当の槍をもったもの、大名の乗替用の馬、さらにその後に道中に必要ないろいろの道具を入れた長持・籠の類がしたがう。それが長々と行列をつくっていく。そして宿場など通りかかると威儀を正して槍などたててあるくが、宿をはずれるとかついでゆく。

とにかくたいへんなことであった。

本陣の方では大名の来る二日前から宿《しゅく》の両方の入口に何某御宿と書いた大きな木札を竿のさきに取りつけて立てておく。するとその間は本陣へは他の者はとまれない。本陣の前にも幕を張りめぐらし、何某御宿の木札をたてる。その間は大名が本陣を借り切ってしまうわけである。

大名と本陣の関係は主従に近いような形式をとり、大名がとまると本陣から家老をはじめ家臣たちの主なものにそれぞれ音物を差しあげてねぎらう。それに対して大名の方は金一封を包んでお礼をする。金一封の中身は大名の思い思いであって一定しない。経費がいくらかかったからいくらよこせというようなものではない。少ないと思ってもだまっていなければならぬ。しかし気のつく家老などが居れば、家がいたんだから修繕するようにと言ったような心付けまですることがあった。が儀礼的な出費がかさんで来るとなるべくその本陣へとまらないようにしたり、宿場をかえたりするようになる。

そうしたことから本陣の中には経営の困難になったものも少なくない。もともと本陣は庄屋・名主などをしている村の名家が多く、広い田畑山林を持ち、時には酒造業などもやっていて、それだけで生活をたてられたはずであるが、それでいて、なお経営の困難なものが出た。文政七年（一八二四）代官中村八太夫からの申し立てによると、川崎宿（神奈川県）の本陣は六年八月の大雨風で大破し、自力で修復することができず、拝借金をしても返納することができないので品川海辺御備御貸付利金溜の中から家作料として二〇〇両の貸付けをうけ、返納は宿《しゅく》の中でかなりの生活をしているものから追々に一〇〇両出させ、残りの一〇〇両は川崎宿貯蓄取集払代貸付利金をあて、二〇〇両を二五ヵ年で返済する計画をたて許可があればすぐ貸付けたいとある。この宿場がかなり行き詰り、本陣自身も困っていたことがわかる。

川崎本陣の主は佐藤氏と田中氏で、佐藤氏は詩人故佐藤惣之助の家、田中氏からは享保の頃田中丘隅が生れた。「民間省要」の著者としてその名を知られている人である。「民間省要」は賦税・治水・駅伝などについて、その体験を中心にした論考で当時としてはなかなかの大著であり、丘隅自身も川崎宿をたてなおして川崎中興の祖といわれた人である。その川崎が、幕末にはまた哀微していた。川崎に限らず、品川から藤沢までの宿場はすべて疲弊しきっていたのである。原因の一つは大名も本陣でとまったり休んだりすると経費がかかりすぎるので、道ばたの普通の茶屋で休憩するようになったためといわれる。

大名自体も幕末の頃になるとその財政状態がかなり困難になっていた。

本陣の利用者

もと本陣だった家で本陣記録をのこしているものが少なくない。滋賀県などにはその資料がかなりよくのこっているようで、喜多村俊夫博士の研究がある（近江経済史論考）。これにはいろいろ教えられることがある。まず本陣は一年何回ぐらい利用せられたであろうかということが推定せられる。

東海道石部では延宝の頃（一六七三―八一）までは一年間の利用回数は二〇回程度あったが、それから急にふえて五〇回くらいになる。しかし貞享三年（一六八六）ごろから二五回前後に減少し宝永元年（一七〇四）ごろまでつづき、それからまた五〇回くらいに回復し文化十三年（一八一六）頃まで同様な状態がつづき、それ以後急にふえて幕末頃には二八〇回にも達するようになる。これはそのまま世のあわただしさを反映しているものであった。

これに対して中仙道の方を見ると、摺針峠では、元文の頃（一七三六―四一）までは二〇回に達していないが、その後になると四〇回くらいにふえて幕末までつづくのである。してみるとあんがい中仙道を利用したものが多かったわけである。

ところで文久二年（一八六二）鳥居本・草津・石部の本陣にとまった人びとは大名・公卿・勅使・宮・代官・大名奥方・大名女中・奉行・門跡・門主・撫物・茶壺・目付・勘定役・普請役・旗本などであるが、この人びとの一日の行程はどれくらいであったかというに、一日に一二里以上歩いているものが二二組、一〇里から一二里あるいたものが九四組、八里から一〇里歩いたものが九三組、六里から八里あるいたものが三四組、六里以下がおなじく三四組になっている。すなわちこれによると八里以上一二里までのものが大半をしめているのである。毎月平均一〇里はあるいたことになる。一日に八里以下というのは女の道中が多い。

また一日に一〇里以上も歩くのは九州の大名に多いという。長い道中が自然にさきをいそがせることになったのであろう。

本陣は宿泊するばかりでなく、休憩する場合も利用する。そこで宿によっては休憩に利用せられることの多い本陣もあれば、宿泊に多く利用せられる本陣もある。たとえば石部や鳥居本は利用者の八〇%位は宿泊している。すると京都を出て東海道ならば石部まで、中山道ならば鳥居本まで来て泊る者が多かったのであろう。

これに対して土山で泊るものは利用者の三〇%程度であったというのは、昼間ここを通過して坂下から関あたりまで歩いたのであろう。しかし土山は宿場であって間《あい》の宿ではなかった。間の宿というのは宿場と宿場の間にあって休憩を主とするもので、普通には旅籠をおくことは許されなかったのである。

鳥居本

それではいったい本陣というのは一年通じてどれぐらいの収入があったかというに、年平均鳥居本では二三両、石部では四一・五両、土山では四二・五両程度であった。それが文久二年には土山は八三両、石部は一一二両にはね上っている。

幕末の数字を別にすると、一年に四〇両そこそこの金を手に入れるために大きな家をかまえていなければならなかったとすれば大きな負担になったであろうことがよくわかる。

それでは宿泊回数や人員について見ると、石部宿小島本陣では享保二年（一七一七）に三九回、総人数一一二〇、一回平均二八・七人、一回でももっとも多く泊ったのが六四人、もっとも少ないのが一一人であった。この家は二六四畳敷であるから最多のときは一人当りおよそ四畳になる。それが文久二年（一八六二）には八八回一八一三人、一回平均二〇・六人、最多四四人最少五人となっている。近江の東海道筋の宿場はほぼおなじような状態であったと思うが、中仙道は本陣が少し小さくなる。すると一人当の畳数が少なくなり、二畳余というのも見られる。

しかし本陣にとまるのは大名ときわめて深い関係のある人たちばかりで、他の家来たちは本陣の近くの旅籠や民家にとまる。これを下宿《しもやど》と言ったが、下宿は大名行列の人数が多ければおのずから多くなる。近江各宿の中で、天保三年に鳥居本の本陣へ和歌山の殿様のとまったときは下宿の数だけでも一五六軒にのぼっている。それにつぐのは天保六年広島藩主がこの宿にとまったとき一二八軒に分宿している。

これにくらべると東海道筋では石部で福岡藩のような大藩の大名が宿泊したときでも、徴用した家は九七軒でまにあっている。これは一般民家の構えが大きかったためであると見られる。それはともかくとして、とにかく大名がとまると周囲の家々を利用することになり、それがまた宿《しゆく》を繁栄させることにもなる。

しかも石部宿のごときは旅籠は五六軒であったから、文久二年福岡藩がここにとまったとき九七軒を徴用したとき四一軒は旅籠以外の民家が利用せられたことになる。

また鳥居本では旅籠は五四軒で、そこへ和歌山藩のように一五六軒に分宿することになると、一〇二軒は旅籠以外の民家が徴用せられたことになる。鳥居本は全戸数が二五九軒であったから、大きな大名行列がやって来ると、全村の六割までの家が武士たちをとめたことになる。だから本陣そのものはそれほどうるおうことがないにしても、宿としては大名をとめることが繁栄に役立った。

木曾谷の宿《しゆく》

宿場町は街道にそうて長々とつづいているのが特色であった。宿場に裏町なしといわれているがまったくその通りで、それが長い町になると四キロ以上もつづいていた。そしてしかも宿《しゆく》といわれる部分は宿屋が両側にずらりとならんでいたのである。その宿屋は旅籠と木賃にわかれ、旅籠はさらに飯盛旅籠と平旅籠にわかれていた。

街道の宿は一泊客を相手にしていたものであり、一現の客が多く、得意の客は少なかったから、今日の温泉地の旅館と共通するものがある。ただ宿場の旅籠には温泉がない。しかし街道の古い旅宿の伝統が今日の温泉地旅館に引きつがれているとみてよいのではないかと思う。

おなじような旅籠がならんでいるのだから、どの家でも客を引くには苦心した。三河の赤坂のように一里あまりも遠くへ宿引を出して道中する者を自分の家へ連れて来ようとするようなはげしい競争も見られたし、また客の足をとめるためには飯盛女もたくさんおかねばならなかった。その女たちも門口に立って客の袖をとらえて泊れ泊れとよびかけたのであった。

こうして東海道の宿場にいた飯盛女の数はおびただしいものであったが、東海道ばかりでなく船の多くつく港にもまた多かった。ここでは風待ち潮待ちのために永逗留しなければならぬ客が少なくなかった。そこで宿へ飯盛女をおいたのではかえって差支えが多くなるから、そうした女たちだけをおく遊廓が発達している。

さて宿場がどういうようになっていたかを今少しくわしく見ると、木曾街道の場合、奈良井宿では享保九年（一七二四）家が三一〇戸あったがそのうち宿は二一九戸、在郷が九一戸あった。在郷は宿

藪原

奈良井

場を規定している以外の地区に住んでいる者で、農業を主とし、商売することは許されなかった。宿場に住む者は逆に商売が主になっていた。そこで二一九戸の内訳を見ると

旅籠屋　三三
商人　七
塗物師　四四
桧物師　九九
その他　三六

となっている。つまり旅籠の三三軒を中心にしてその両側の桧物師と塗物師が軒をならべていたのである。

藪原は奈良井につづく宿場で嘉永年中（一八四八―五四）には三一一軒あった。ここは旅籠は一三戸、茶屋八戸、馬宿一戸であったが、お六櫛とよばれる櫛をつくる者が一八五戸もあり、これを商売する者が二一戸あった。他は一、二戸ずついろいろの職業があった。

次の宮越は一八九戸のうち、宿場は九三戸、さらにその内訳は旅籠が二四戸、その他は大工・商人・木挽・日雇・杣・桶屋・酒屋・米屋などであった。

福島宿は木曾街道中重要な宿場の一つで、寛政十二年（一八〇〇）に一五八戸、そのうち本陣一、脇本陣一、問屋二、旅籠三二、年寄六、商家一九、帳付・馬指・定使などが六戸あり、これに木曾を支配している山村家の家中によって構成せられ、その外側に農家が散在していた。そして在郷まで入れると五〇〇戸ほどあった。

木曾福島

この福島宿には文化元年から五年までの宿場での五年間の収入の記録せられているものがのこっており、それによると、

旅籠屋	一七三二両（二三戸）
人馬賃	一一八七両
商業	一四〇〇両（一九戸）
計	四三一九両

ほどになる。すると一ヵ年に八六四両の収益になり、この宿場の一年間の収入がどの程度のものであったかを知ることができる。東海道ならばこの二倍程度の収入があったことになる。

福島宿は二三戸の旅籠の一戸一戸の収入もわかっている。それによると一年の収入が最高三二両、最低三両ほどというのがある。一戸平均で一五両ほどになる。今日の金になおして二三万円くら

馬籠

いにあたるのではないかと思われるから旅籠業の規模もこれで想像できる。ところで本陣はそれに比してあまりもうかるものではなかった。五ヵ年間に九六両ほどあげており、一ヵ年に一九両余になる。大きな構えを持っていてもこの程度の収入だったので、窮迫するのは当然であった。それを他の商売や不動産の収入でカバーしたのであった。

木曾街道には福島からさきに上ゲ松・須原・野尻・三富野・妻籠・馬籠があって、美濃の落合に出る。

須原は宝暦七年（一七五七）に一〇四戸、ここには本陣が一軒あり、旅宿は三八戸、商人五戸、小屋掛して住んでいる者が一二戸あり、これが宿を形成し、あとは農家であった。（以上木曾の村方の研究による）

馬籠については島崎藤村の「夜明け前」がこの宿の描写をこまごまとしている。

「馬籠は木曾十一宿の一つで、この長い渓谷の尽きたところにある。西よりする木曾路の最初の入口にあたる。美濃方面から十曲峠に添うて曲りくねった坂道を攀《よ》じ登って来るものは、高い峠の上の位置にこの宿を見つける。街道の両側には一段ずつ石垣を築いてその上に民家を建てたようなところで、風雪を凌ぐための石を載せた板屋根がその左右に並んでいる。宿場らしい高札の立つところを中心に本陣、問屋、年寄、伝馬役、定歩行役、水役、七里役（飛脚）などより成る百軒ばかりの家々が主な部分で、まだその他に宿内の控えとなっている小名の家数を加えると六十軒ばかりの民家を数える」

とある。

その宿場でどのように通行人を送り迎えたかもこの書にたくみに描かれている。

「西の領地よりする参観交代の大小の諸大名、日光への例幣使、大阪の奉行や御加番衆などはここを通行した。吉左衛門（本陣）なり金兵衛（年寄役）なりは他の宿役人を誘い合せ、羽織に無刀、扇子をさして、西の宿境までそれらの一行をうやうやしく出迎える。そして東は陣場か、峠の上まで見送る。宿から宿への継立てと言えば、人足や馬の世話から荷物の扱いまで一通行あるごとに宿役人の心づかいもかなり多い。多人数の宿泊、もしくは御小休の用意も忘れてはならなかった。しかしそれらは普通の場合である。村方の財産や山林田地のことなどに干渉されないですむ通行である。福島勘定所の奉行を迎えるとか、木曾山一帯を支配する尾張藩の材木方を迎えるという日になると、ただの送り迎えや継立てだけではなかなかすまされなかった。

多感な光景が街道に展けることもある。文政九年（一八二六）の十二月に、黒川村の百姓が牢屋御免ということで、美濃境まで追放を命じられたことがある。二二人の人数が宿籠で、朝の五つ時に馬籠へ着いた。師走ももう年の暮に近い冬の日だ。その時も、吉左衛門は金兵衛と一緒に雪の中を奔走して、村の二軒の旅籠屋で昼仕度をさせるから国境へ見送るまでの世話をした。もっとも福島からは四人の足軽が付添って来たが、二二人共に残らず腰縄手錠であった。」

そうした一々の世話をするのが本陣・宿年寄役の仕事であった。そうした中にあって天保十年（一八三九）尾張藩主の遺骸がこの宿場を通ったときはたいへんなさわぎであった。一行の人数は一六七〇人。村中総掛りで事にあたり、木曾谷から七三〇人の人足を集めたがそれだけでもこと足りず、木曾山脈を東へこえた伊那谷の助郷から一〇〇〇人あまりの人足をあつめ、馬も二二〇頭徴発してやっと事務をさばいた。

それから後幕末までこの街道を通過するものの数は実におびただしかった。そうした人びとの一々の世話を宿役人たちはしなければならなかったのであるから、宿場はただ通行人の袖をひいて宿泊させさえすればよいというようなものではなかった。旅人を相手にし旅人の便宜をはかるのが第一の目的であったが、それも実は公儀の旅人が主で、しかも公儀の旅人が実に多かったのである。

旅籠

江戸を中心にして四方にのびた街道はまったく政治的な意味を持ったものであり、いわゆる公儀の役人たちの利用の便をはかったものであったが、江戸の町の膨張と、江戸がすべての城下町に参観交代を中心にして強く結ばれていることから、公儀以外の通行者もふえ、宿場には多くの旅籠が発生した。

本陣と旅籠ははっきり区別されていたもので、本陣には門・玄関・上段の間などがあったが、一般の旅籠にそれは許されなかった。そして一般庶民または公用でない武士たちの泊るところとせられていたのである。

旅籠は「倭名抄」にも出ていて、飼馬の籠のことである。つまり飼料を入れる籠のことであった。それをどうして旅宿のことにしたかというに、もともと昔は馬へ乗っての旅が多かった。その馬の飼料を用意してある宿という意味で、旅人にとって人間のたべるものもさることながら、この方は持ってあるくことができるが馬の場合には量が多くなるからそれができない。馬で旅行するものにとっては馬の飼料を補給することは大問題であった。

そこでりっぱな旅宿には馬をつなぐための厩を持っているのが普通であった。今日の旅館が自動車のおき場を持っているのと同様である。馬に乗って旅をする者にとってそれが駄賃馬を利用して駅から駅へと馬を乗換えてゆく場合はよいが、中世には宿駅の制度も十分整っていなかったから通し馬で旅する者が多かった。その上中世末までは日本の馬は体形が小さかったから替馬を連れてあるかねばならなかった。それらの馬を飢えさせずに旅するためには夏期旅行するようにしなければならなかった。夏ならば草がよく茂る。そこで道ばたの草を食わせるのである。ところが冬期の草も枯れているようなときは馬に旅籠を背負わせて旅をしなければならないこともあったと考える。旅籠馬というのはそういうものであっただろう。そうした馬のかいばを宿で用意してくれておくならこれほど助かることはない。そこで馬を持つ旅人たちはそういう宿にとまる。馬にはかいばを与えてもらい、自分たちは自炊をする。自炊と言っても簡単なものであった。たいていは糒《ほしい》を行嚢《こうのう》に入れて持ってあるく、糒は米を蒸して乾したものである。また焙って平にひしがしたものもあった。それを宿につくと湯をわかしてもらって、湯をかけてほとばして食べる。慶長三年（一五九八）の木曾路贄《にえ》川宿の宿帳に「御糒《ほしい》はほとばしすぎ申さざるよう、念を入れ申すべく候」とあって、この頃までは旅するときには糒が盛んに用いられたことがわかる。

そして人が宿をとるにしても馬の取扱いの方が重要で、宿銭にしても慶長十六年（一六一一）に「木賃銭を定めて人は銭三文、馬は六文とする」と定められている。また万治元年（一六五八）には「宿賃のことは薪代共に一人に付鳥目《ちょうもく》六文、馬には十文」に定められた。このように馬が大事に取扱われたことがよくわかるが、と同時に旅籠の用意せられている宿と一般の木賃宿との間におのずから区別ができて来、それを旅籠屋とよぶにいたったものであろう。

ところがそうした旅籠屋で人間の方にも食事を出すようになったのである。正徳享保の頃、すなわち江戸時代の中頃ではなかろうかといわれている。それ以前明暦三年（一六五七）に江戸で十万人もの人の焼死した大火があったが、そのとき浅草に茶飯・豆腐汁の奈良茶漬屋ができて、行き交う人がたいへん便利になり、評判になったといわれるから、一膳飯屋のようなものは明暦の頃はじめてできたものであろう。それまでは食物は持って歩かねばならなかったのである。だから江戸時代の初期の大名たちは登城するときにもみな握飯を持ってゆき、大ぜい集って食べるときはお互い持って来たおかずを取替えてたべたといわれる。

大名の社会がその程度であったから民衆の日常生活はもっとつつましいものであり、また貧しいものであったはずである。松尾芭蕉の弟子で彦根藩士であった森川許六の旅の賦に旅宿のことがくわしくしるされている。

旅店のさまは上段に書院床があり劒菱のすかし、火のないこたつにやぐらをかけ、門口のすえ風呂にはいると底に砂のあるのが足にさわる。出女（宿引女—飯盛女）のたて縞は春秋をしらす。

根太板敷がおちて、隅々まで畳がとどかず、天井襖は雨もりのあとがあり、鉄行灯はくらく、銭売、草鞋売にせがまれ、やっと寝ついたかと思うと、高いびきでたちまち目をさませられる。流浪漂泊の身には孤独をしみじみ味わわせるようなことが多い。一人者にはなかなか宿を貸してくれないし、同じところに二夜はとめてくれない。五月雨の朝、みぞれの夕暮に、情のふかい主は長持くさい布子をかしてくれ、ぬれたものを焚火にあぶる。

それが正徳頃までの旅籠のありさまであった。宿場で遊女をおくことを禁ぜられたのは万治二年（一六五九）であった。そのことがかえって旅宿を遊廓まがいのものにしたともいえる。遊女が禁ぜられると飯盛女、出女などの名で旅籠へ下女とも遊女ともつかぬ女をおき、それが売春をかねることになる。と同時に宿で食事を出すようにもなったのであろう。寛文七年（一六六七）に神奈川宿でかやという遊女をかかえて営業していた者の仕置をしたことがある。この女をかかえ、権兵衛にあずけて遊女させていた市郎兵衛と、かやを市郎兵衛にわたすためにつれていく途中その着物をはぎとり、その上かやがかこい者であることを知りつつ届け出なかった六之丞の二人は磔《はりつけ》になっている。かやを遊女として客をとらせていた権兵衛は斬罪にして獄門にかけられ、その他関係者もみな追放やさらし者にせられたのであった。遊女に対する禁圧がどんなにきびしいものであったかを知ることができるのだが、この宿場には「めしたき女や宿々茶屋にいる女に念を入れみだらなことのないようにせよ」とは言っているが、別に罪科に処せられた記録はない。

つまり、遊女がとめられたかわりに、宿ではそれまでみな木賃であったものを飯をたく女をおき、また給仕する女をおき、給仕女をおくことから、宿屋の方でも食事を客に出すようになったと思われるのである。

いいかえると宿に女をおくことによって木賃から食事付宿への移行が見られたようである。こうして宿場の旅籠には飯盛女のいるのがあたりまえのようになって来るが、それも東海道が主であった。そして旅ゆく人をよびとめることになるのである。

「とまらせい、とまらせい、座敷もきれいな、相宿も御座らぬ、ならなら馬方どの、ここへおろしまいらせられ、さきにはよい宿はないに……」

とよびかける。飯盛女の腕しだいで客をとることができるのだから、宿の勢力の消長は宿の設備のよしあしにもあったけれど、よい女が居るか居ないかが大きく影響したものであった。と同時に宿銭がぐんぐん上りはじめるのである。木賃は六文か一〇文ですむとしても、飯盛に相手をたのめば二〇〇文から七〇〇文はとられる。その上宿泊料は江戸付近で二五〇文から一貫二三百文の間であったという。宿屋における飯盛女の出現が今日へつながる旅宿風俗を生み出して来るのであって、外国には見られぬ風俗といい得る。

江戸の旅籠

江戸の宿屋は初め小伝馬町に多かった。ところがある年本所回向院へ善光寺の御仏の御開帳があって江戸の近在からおびただしい参拝者があり、宿屋が少ないものだから夜の大路にむしろを敷いて明かす者が多かった。そこで小伝馬町につづく馬喰町にも宿屋がふえて来た。人びとはこの宿屋をはたご屋とよんだ。家居のさまは門ごとに主の名のしるした札をかけ、明り障子にも筆太に書いている。

そして簀子縁の下にときすててある藁靴・裏無などいくらともなく重なっている。主人であろうか下男であろうか、町の辻にたたずんでいてすぎゆく旅人をよびとめ「お宿はいかが」かときく。知っている宿へつくのだと言っても、なお追いすがって、「あそこはよいけれども人がたくさん泊っている。私の宿はささやかだけれども相宿の人もない、畳も夜の物もみな清潔です」などとうまいこと言って袖をひくので、たいていはことわりきれなくなってしぶしぶひかれて行く者も多い。軒のはしに菅笠を高くかけておくのは、おくれて来る友の目じるしのためである。(都の手ぶり)

客引は宿ごとにかかえおくもあり、また小宿では主みずからが出ていく。そして五丁も十丁もさきまで出かけ、午後四時ごろ、客引たちがある一定のところに集ってクジをひいて客引の順番をきめ、また場所を定めて客をひく。そして旅人の連れの多いのを見かけるととくに執拗によびかける。そのため思いもうけず悪い宿にひっかかることもある。客引の方は口上手でいかにもなれなれしくするものだから客の方はひっかかってしまうものである。(礒山千鳥)

このように客をひくことに精一ぱいだったのも、実は決して経営が楽でなかったためである。つまり競争相手が次々にふえて来たからである。小伝馬町から馬喰町へ宿のふえた頃まではよかったが、享保の初め頃(一七一六)になると、江戸市中、とくに浅草辺の茶屋・うどん屋などが旅人をひきとめはじめたのである。そこで小伝馬町と馬喰町では町奉行の大岡越前守に訴えて出た。越前守はさっそく聞き届けて、茶屋・うどん屋で客をとめている者の家主・名主へ差留めるようにと布達したがなかなか守られない。そのため元文五年(一七四〇)に他商売の者が旅人をとめることを停止するように願い出、さらに寛延四年(一七五一)にも願い出ているが、小伝馬町・馬喰町の宿がとやかく言っ

東京の宿（本郷にて）

て見ても押えがつかなくなっていた。

　というのは江戸が広すぎたからである。それに江戸は周囲に四つの宿があった。東海道の品川・甲州道中の新宿、中仙道の板橋、水戸街道の千住である。そこにはそれぞれ多くの旅籠があり、飯盛女もいるので、そこへ泊るものが多くなって来たし、また江戸へ入っても小伝馬町まで歩くのがたいへんで、山手の麹町・湯島・本郷・神田・本所・芝などに泊るものがふえて来たのである。しかもこれらは公事宿と称した。つまり公儀の所用のために江戸へ出て来たものが泊る宿だと称して、小伝馬町あたりの宿の得意の者までそういう宿を利用するようになった。

　これでは旅人の取締りができないと小伝馬町・馬喰町ではまたまた訴えて出た。

　もともと宿屋というのはただ旅人をとめるだけが目的ではなかった。江戸ではあやしい者を取締る任務を背負わさせていたのである。あやしい者が居れば評定所・南北両奉行所へ届け出ることになっており、一ヵ町に二人の月行事をおいていた。そして宿の方では宿泊者から国許をしっかり聞き届け、あやしいと見れば内々届出、また身分不相応に金を持っている者なども届出た。さらに用事のすんだ客はできるだけ早く出立させるようにし、勝負がましいことを取締る任務を背負わされていた。

それが宿屋が江戸全体へ分散したのでは旅人の取締が十分にできなくなる。町奉行所の方でも旅籠屋仲間の言い分をきいて取締りに力をいれようとしたが、とても押えがつかなくなっていた。それに地方から稼ぎのために出で来る百姓の数が、享保以後（一七三五年頃以後）からめっきりふえて来る。江戸にいろいろ仕事がふえて来たこともあるが、地方での暮しが苦しくなったことが大きな原因であった。年々年貢が高くなり、それに享保十七年の凶作は百姓には大きな痛手になった。そこでそうした者を初め、またその頃から訴訟などのために地方から出て来る百姓が多くなった。この場合には普通の旅人とちがって江戸滞在も長くならざるを得ない。そうした人たちの泊る宿も必要になった。公事宿というのも同様のものであると思われるが、享保の頃にはこの宿を一般の旅籠と区別して百姓宿と言った。これはごく地道なつつましい宿で、後の下宿になっていったもののようである。

そのもっとも多かったのは小石川の春日町で、そこに八二軒も群がっていたという。また馬喰町四丁目にも三十軒組というのができ、また十三軒組というのもできた。しかし後に宿屋の組合として公認せられたのは小伝馬町・馬喰町の旅籠屋組と、八十二軒組、三十軒組の三組であった。

そして非常の際は八十二軒組の方は評定所・公事方勘定奉行所へかけつけて相勤めることになっており、三十軒組の方は関東代官所と本所牢屋敷へかけつけることになっていた。これはそれらの百姓宿に泊るものが、右の役所に深い関係をもっていたためであろう。

さて幕末が近付くにつれて、江戸では各地の霊験あらたかな地方の神仏の出開帳がつづき、その度におびただしい参拝者が江戸へ集って来た。すなわち文化七年（一八一〇）には京都釈迦堂の釈迦如来が、文化十一年（一八一四）には浅草観音、京都本圀寺釈迦如来、下総の成田不動尊などの開帳があって、その期間は人で埋まり、それらが親類縁者などと言って旅籠以外の店に皆とまった。しかも一ヵ月なり二ヵ月なり開帳のつづいている間臨時宿もつづけられ、それが江戸の市中三一〇ヵ町にものぼった。そこでそれらの町へ旅人をとめることを差留めるように願い出ている。

また八十二軒、三十軒両百姓宿へは寺社へ物詣でする者や旅人はとめないことにし、旅籠の営業に差支えのないようにしていた。ところが、天保十三年（一八四二）幕府が百姓宿に対して奉行所や牢屋などへ非常のとき駈けつけなくてよいという布令を出してから、しだいに百姓宿でも一般旅人をとめるようになっていった。百姓宿では永逗留のできるのが何より都合がよかった。

いっぽう十三軒組というのは実際は十軒で組をつくって百姓宿をやっていたが、三十軒組に明株があるのを理由に安政元年（一八五四）に三十軒に組入して、その規約にしたがうことになり、したがって旅人もとめることになる。

このほか幕末の頃になると小宿と言って素人宿のような宿がふえて来る。さきにのべた有名寺院の本尊の開帳にともなって客をとめたものがもとになって何軒かで組を組み冥加金をおさめて宿屋の株の権利を得たものであろう。どういう客をとめたものか、またはどの程度の規模か明らかでないが、普通の仕舞屋《しもた》と思われる家が、株を借りて営業をはじめているところを見ても前記のように素人宿程度のものであったと思われる。

高級の宿

京都では旅籠は三条通に多かった。茶久という宿が第一であったといわれている。近江や大阪の富豪をとめるのを専らにし、人品のいやしいものはとめなかった。三条にはそのほかにも上宿が多かったが、そのほか先斗町のあたりにも多かった。そういう宿では一泊がたいてい銀三匁五分を普通とし、客の望みによっては、五匁乃至金二朱でとめた。食事は朝夕二回出し、昼食は別であった。

三条には普通の宿もあった。その方は銭二〇〇文から二五〇文でとめた。また京都の市中にはいたるところに商人宿があった。商人宿は旅籠と区別せられていた。商人宿は京都へ商売のためにたびたびやって来て、そのとまるべき宿をきめておくものであって、この方は昼食もついていて二〇〇文から二五〇文である。おかずなどいたって粗末であった。江戸の百姓宿に似たものであるが、百姓がとまるのと商人のとまる差があった。

京都・先斗町通り

大阪には新堀・曾根崎・道頓堀に宿が多かったが、それらの宿にはほとんど食焼女《めしたき》（飯盛女）をおいたもので新堀・曾根崎では泊茶屋と言っていた。道頓堀ではめし盛付旅籠と言っていた。しかし内実はほとんどかかわりがなく、新堀には二三二人、曾根崎には四三一人、道頓堀には八〇一人の飯盛女が居た。そしてそういう女のいる場所は右の三ヵ所に限られたのである。そこでこの三ヵ所が大いに発展することになるのだが、飯盛をおかない平旅籠ならどこで営業してもよかったので、京都の商人宿同様の大阪市内各地に分布したものであった。

古い宿（枚方宿）

ただ大阪でも幕末頃から小宿が発達して来る。これは江戸の小宿とは多少ちがっていたようである。ひそかに女を抱えておき、その女たちを夜辻に立たせて男の袖をひかせる。そして夫婦で宿でとまるように見せかけて泊るもので、いわゆる連込宿である。女の方はたいていその宿の紐付きであった。ところが中には恋仲同士の若い男女がそういう所へ泊りに行く例も見られたのである。しかしそうしたものの数字をとらえることはむずかしかった。きわめて隠密におこなわれていたものであって、その伝統は売春禁止法のしかれるまで見られたといわれ、さらには温泉マーク旅館へと発展するものであろう。

大阪でこうした宿が目立ちにくかったについてはいろいろの理由があった。その一つに問屋宿があった。大阪には実に多くの仲買商や卸問屋があった。それらの問屋は地方におびただしい得意先を持っていた。その得意客が毎年上阪して来る。これは行商人とちがって、地方の問屋である者が多い。その客を自宅にとめたり、茶屋にとめたりしてもてなすのが普通であったが、得意客の便利なように別宅をもうけ、そこに客の身辺を世話する女をおき、自由にとまらせた。客はその女に手をつけることが多かった。西鶴の小説にはそうした女の生態を描いたものがいくつかあるから、大阪の大きな問屋には共通した現象だったのであろう。それは役人たちの眼の届かぬ世界であった。仕舞屋風の家での宿泊だし、世人もまたそれほど気をとめなかった。そうした形式のものが独立した宿になったものも多かったようで、大阪市内には戦前まではいわゆる仕舞屋風の宿が散在していた。

しかもそうした宿は旅籠と言われるものよりはもっと高級なものになっていた。

ただしそのような高級な宿は京阪ばかりでなく、そのほかの地方にも少しずつではあるが発生発達していたのであろう。そのことは明治初年に日本へ来て各地を旅行したイー・エス・モールスの「日本その日その日」の中の記事でもうかがうことができる。モールスが日本へ来たころには日本はまだ西欧文化の影響をほとんどうけていなかった。日光へいったとき

「我々は村一番の宿屋に泊った。道路から古風な建物のいくつかが長く続いて、美しい廊下や、掃き清めた内庭や、変った灌木や背の低い松や、石灯籠や、奇妙な塀や、その他すべてが、如何にも人の心を引きつける。われわれはかくの如き建物の最終の部屋—下二間、二階二間—を選定した。そこの廊下はほとんど部屋とおなじくらい広く、そして張り出した屋根でおおわれている。われわれはテーブルを廊下に持ち出し、夜は二つの石油ランプの光で字を書く。これらのランプは唯一の欧州またはアメリカとの接触の形跡である」

宿へとまったのである。それは本陣の気品と旅籠屋の気安さをそなえたような宿であったと思われる。

またモールスは広島の宿へとまったとき、岩国まで行くので時計とお金を宿へあずけておくことにした。すると女中が盆を持って来た。モールスがその上に時計と金をおくと、女中はその盆を畳の上

においたまま出ていった。モールスは女中がその盆をとりに来て主人に保管するようにたのんでくれるものと思っていたが、その気配すらない。たまりかねて、もう一度女中をよんで、なぜここへ盆をおいていくのかときくと、女中はここへおいてもいいのですと答えた。いよいよたまりかねて主人をよぶと、主人もここへおいても絶対安全で、これを入れる金庫も器具ももっていないと答えた。そこでモールスははたしてそうであるかどうかをためすためにそのままにして岩国までいってかえって見ると、チャンと盆の上に時計とお金がおかれたままであったのに驚嘆した。そして日本人が如何に正直であるかを理解した。

ただし、このような宿は最高級の宿で、そこにとまるものは得意客にきまっていて、一現の旅人をとめる旅籠屋ではなかった。かくて、もっとも高級なクラスに属する旅館は清潔と正直と親切にみちたものであったことを知り得る。モールスはそういう宿をとまりあるいて日本人の美点を発見したのであった。

明治の面影をのこす箱根の宿

庶民の宿

宿には昔ながらの木賃宿もすくなからずあった。みな食料をもってあるき、自分で食事をたき、その燃料費すなわち木賃だけを支払うものである。

そのはじめ万治元年頃（一六五八）には、宿賃は薪代とともに一人につき鳥目六文馬には一〇文であったが、寛文五年（一六六五）には主人は一六文、下僕は六文と定められ、延宝三年（一六七五）には主人は三二文、下僕は一六文となった。だが後には主従とも七〇〇文に定められている。広重の「東海道五十三次」の水口と、「木曾街道六十九次」の御嶽のところに木賃宿が描かれている。一般の旅籠にくらべてうんと粗末なものであったことがわかる。水口では宿の主人と思われる百姓が家のまえで藁を打っており、家の中には頭巾をかぶり立膝して坐っている巡礼風の男がいる。壁には笈《おい》と笠がもたせかけてある。また家のまえには菅笠をかぶり笈をおい、頭陀袋をさげ、ももひきに脚絆をつけ草鞋をはいて杖をついた巡礼風の男が三人とその下僕と思われるものが一人つきしたがっている。この宿へとまろうというのであろう。もとより相宿である。旅籠に比してほんとにわびしいものである。

木賃宿（南千住）

　御嶽の木賃宿は御嶽参りの客をとめるものであろう。家の中の座敷には大きないろりがきってあり、それに

商人宿（草加）

これまた実に大きな茶釜が自在鉤にかけてある。いろりのそばには五人ほど坐っている。頭をまるめたもの、巡礼風の女、その他。あがりがまちには草鞋をぬいでいる男が一人。家の前の流で老婆が一人桶で何か洗っているのは、旅人たちの米をといでいるのかもわからない。入口のまえには水桶を天秤棒でかついでいる女がいる。壁土はおちかけていかにも貧しげな家であるが、人それぞれにいそしんでいる。木賃宿とはこういうものであったのだ。

しかし大名の本陣ももともとは木賃であった。一行の食料から膳椀・調度品・寝具・風呂桶まで持ってあるき、本陣から家来の下宿の払いまでもとはすべて木賃であったという。そして大名の方の木賃はいよいよ高級なものになり、民間の木賃宿は後には東京などではいわゆる貧民のドヤ街を形成するようにますます貧しげなものになっていって、なるのである。

木賃宿よりすこし上等なものに商人宿があった。商人宿には高級なものもあったが行商人旅芸人などのとまる宿はいたって粗末で、みな相宿であったが、この方は食事を出すのが普通であった。明治になると旅人宿という看板をかけたものも多かった。この宿の特色は客が一現の者でなく得意客であったことである。「親類懇意先、これまで泊めて来た商人のほかはとめないこと」というのが条件で、道者・巡礼・往来の旅人はどのような事情があってもとめてはならないことになっていた。この商人宿も明治に入って馬車や鉄道が発達すると目ざましい発達をし、とくに駅前に群集して駅前旅館の名でよばれるようになる。

これに類するような宿はほかにもいろいろあった。それらのことについて少しふれて見よう。対馬の厳原には郷宿というのがあった。これは島内の各村から用事があって厳原の城下へ出て来るのに旅籠にとまったのでは高くついてこまるので、島内八郷の百姓たちが、それぞれ郷ごとに厳原に宿をつくり、村人の一人を宿番におき、それには農家各戸から麦を出しあって生活のたつようにしてやり、村人は村の用事で厳原へ出てくるとそこにとまって所用をはたしたのである。江戸にあった公事宿も相似たものであったと思うが、公事宿の方は個人経営であったようである。

郷宿（対馬）

大東亜戦争がはげしくなり、郷として宿の経営のためのつなぎ麦をすることも困難になってから、それぞれ郷出身者に払い下げて個人経営にきりかえたが、とまる人は依然として旧郷から出て来たものが多く、皆気の知れあった中であるから相宿であっても盗難のおこるようなことはまったくない。むしろ知りあった者たちが一部屋で話しあえるのでたのしくもあり、宿銭も普通の旅館の二分の一または三分の一ですむから、今も利用する人は多く、郷宿の看板をかけているのは二、三にすぎなくなったが依然として営業をつづけている。

このような宿は城下町などにはもと皆見られたのであるが、明治になって領民が城下へ用事で出かけることが少なくなってから、いずれも経営がなりたたなくなり大きい旅館になるか、または廃止せられていったもののようである。

しかし僻地にはこのような宿ののこる可能性があった。田舎から町へ出て来て所用をはたして泊る場合にはそうした宿がほしかった。下北半島の田名部も城下町ではないが半島の中心をなす町で、周囲の農村の人びとはこの町までいろいろの買い物に来た。その場合それぞれ定宿というのがあった。定宿には何代というほど長い間にわたっての得意があった。そしてきまっている宿以外にはとまらなかったという。田名部の町は火事でしばしばやけたが、その時一番最初に復活したのが定宿であったという。得意客たちが金や材木を寄付することによってすぐまた焼跡に建てることができたという。

中馬の宿（長野県下伊那郡平谷村）

長野から愛知にかけて多く見られた中馬の宿なども庶民の宿として印象にのこるものである。中馬というのは一般の伝馬のように宿場と宿場の間をつなぐものではなくて立場《たて》で馬に荷をつけると目的地まで通して荷をはこんでいく馬であった。松本・飯田・高山などがその中心で山中で生産された茶・煙草・繭・椎茸のようなものを馬の背につけて三河地方まで運び、三河からは塩・米・衣類その他のものをつけて山中へ持ってかえる。一人で三頭五頭の馬をひいて峠をこえて旅をつづける。その道の途中に部落がある。宿場というほどのものではない。がそこにはたいてい馬宿がある。家の土間は馬つなぎ場になっている。そして馬子たちは二階にとまることが多かった。馬宿は一目見てそれとわかる建て方があった。

この中馬制度は中央線が開通したり、馬車が通うようになって急におとろえ、また中馬宿もおとろえてしまったのであるが、この地方の街道にそう山中の村々は中馬の馬子をして生活をたてるか、またはは中馬宿によって生活をたてている者が大半であった。これに類似の宿は全国の山村に見られ、木曽では牛方宿が多かった。

船宿

陸の宿ばかりでなく、海には船宿があった。船宿の多かったのは大阪であった。大阪へは諸国の船が出入した。そしてその積んで来る荷物もいろいろであった。地方から船で積んで来た荷をひきうける問屋の主なものをあげてみると、熊野木炭問屋・紀州五器問屋・阿波材木問屋・土佐材木問屋・土佐掛木問屋・備前焼物問屋・備後表問屋・丹後摺鉢問屋・豊後薪問屋・伊万里焼物問屋・平戸鯨油問屋・日向材木問屋・薩摩問屋・対馬問屋・長崎問屋・伊勢問屋・尾張材木問屋・加賀問屋・北国売物問屋・北国材木問屋などがある。これは一軒ずつだけでなくて、伊万里焼の問屋をいとなむ者は六軒もあった。そういう問屋へ地方から荷物を積んでやって来ると、問屋はその船人たちを皆船宿にとめたのである。したがって安治川すじには船宿がたくさんならんでいた。船宿は問屋の経営になるものもあれば特約しているものもあった。船が入港して来ると帆印でそれぞれどこの船であるかすぐわかるから船宿ではすぐ端舟を出して入港した船へ挨拶にゆかせる。そして船を岸につなぐための綱をとったり、碇を入れたりする手伝いをすると船頭が上って来て船宿の客になる。若い者はたいてい船で寝泊りする。そして荷をあげてしまって、国許へはこぶ荷を積み終るまで滞在する。

船宿にはまた船待ちの客もとまった。大阪から出て瀬戸内海を西へ向う船に便を借りようとする客は多かった。その人たちは安治川筋堂島筋の船宿に宿を借りて船の出るのを待った。時には一月も船待ちをしなければならなかった。熊本市東北方の農村の百姓が京参りをしたときの道中日記があるが、京参りをすまして大阪へ出て、豊後の鶴崎までゆく船に便を借りようとするのになかなか船が出ない。安治川の船宿で一ヵ月ほども待った。その間別にこれという用事もないので毎日道頓堀へ芝居を見にいって、すっかり覚えてしまって、郷里にかえって披露におよんでかっさいを博したというのがある。そういう例も少なくなかったであろう。

さて帆船が大阪を出て江戸なり北前なり西の方へ出ていくと、それぞれ風待ちの港には船宿があり、

船宿（広島御手洗港）

また遊廓があった。また船宿以外の宿もあった。播磨（兵庫）室津の宿のことはシーボルトの「江戸参府紀行」にも見えている。「私たちのとまったホテルは普通の旅宿で、九州其他二、三藩の大名が江戸へ旅行するとき入るものである」としるしているが、この宿は姫路藩主であった池田輝政が朝鮮の使者のために建てたもので、次の藩主榊原忠次がうけつぎ、もとは政所屋敷とよび、大名や外人のいっさいを接待する所であった。大名たちのとまる特別室はなかなかりっぱなものであった。室内の用材は皆露出しており、天井や階段は木細工である。襖はきわめて軽くそれに絵の書いたものもある。また障子を用いたところもある。材木はすべて実に上等のものを吟味して用いている。また欄間にはこまかな彫刻がほどこしてあるなどと、こまごまと旅宿のさまを描写してあるが、こうした宿のほかに、前述のような船宿もまたあったのである。

室津港

しかし船宿は大名の本陣などとおなじく宿銭のきまりはなかったようである。一つには滞在の長びくことが多かったし、それを毎日いくらで勘定されたのではおちついて泊ることもできなかったであろう。だからすべて船頭のおぼしめしであった。

飛鳥の船宿

山形県飛鳥は酒田の外港として風待ちの船の寄港が一年間に二〇〇〇隻にものぼったところで、船宿が五、六軒もあった。そしてそれぞれ船の得意先があり、その得意先をとりあうようなことはなかった。帆船が入って来るとさっそく磯船に若い者がのって出かけてゆき、船をつなぐ手伝いをし、「お湯もわいているからお休みになるように」と船頭に挨拶しておくと、船頭は船子たちといっしょにやって来る。そして風呂にはいり、夕食をともにする。夕食と言っても粗末なもので、飯に汁とおかずは桐の葉に盛って出し皿を用いなかったという。酒はほとんど飲まず、夕食を終えると船子は船へかえってゆき、船頭のみが船宿にとまる。これは夜中に海があれるようなことがあると船員が上陸していたのでは間にあわなくなるからである。

　さてよい風が出ていよいよ船が出るとき、何がしかの金を紙に包んで宿へわたす。宿の方からいくら呉れというようなことは絶対になかった。中にはその金を宿でわたさぬことがあった。そういうときは船へもらいにいくのだが、それも「宿銭を下さい」とはけっして言ってはいけなかった。「よいおたちで……」などと挨拶することによって相手にそれと気付かせなければならなかった。船が帆をあげて走り出してからもなおもらえず、帆船のあとから磯船で追いかけたこともあった。

船宿はどこも皆相似たもののようである。しかしこの船宿があるので帆船も安心して航海できたのである。通信連絡などすべて船宿を利用したし、金銭や品物の取引にも船宿をたのむことが多かった。陸の旅籠などよりももっと重要な役割をはたしていたのである。

それは帆船の船宿ばかりでなく漁船の船宿も同様であった。漁船が旅稼ぎに出ると、たいてい出先の船宿の世話になった。小さい船の中ばかりで寝てもいられないので、陸の船宿にとまるのである。そして餌の買入れからとれた魚の売りさばきまですべて船宿にたのんだ。

出稼漁はもとずいぶん多かった。大阪湾の漁民は東は伊勢湾から西は豊後水道あたりまでいったし瀬戸内海の漁民は九州の北辺から西部海岸まで出かけていっている。それらの漁船は船宿か魚問屋の世話になって漁業をつづけたのであった。

伊豆半島の漁民たちは東は利根川口の犬吠崎沖あたりから、西は紀伊半島和歌山県の海岸まで出稼漁にいった。紀州海岸へ出稼ぎすると半年も一年もそこに滞在することがあった。

そのような場合は船宿ばかりに世話になっていることもできないので、船宿にたのんで民家のはなれや隠居所などを借りることがある。そういうときには船宿は女も世話をしてくれる。女は男の身のまわりのすべてを世話して、夜は泊っていく。まったく女房とかわらなかった。魚を売ることからその金の管理まですべて引きうけたのである。

さて伊豆へかえるときになると、女は預っていた金を出す。男はその中からもうけに応じて適当に女に渡して戻って来る。紀伊海岸の女たちはみな正直で律気で働きもので、安心して家計をまかすことが出来たという。

釣船宿（品川）

大阪湾岸から紀伊海岸へ出稼漁にいった者たちもこの海岸で稼いでいると宿のよさ、女の情のこまやかさで自然に滞在が長くなるとのことであったが、こうした一種の現地妻の制度が不便の多い出稼漁を支えていたとも言えるのである。

遊漁をする者のためにも船宿があった。江戸では堀江町・柳橋・日本橋・江戸橋・山谷川岸などに一〇戸、二〇戸と軒をならべていた。全部では二〇〇をこえるほどあったといわれる。中には荷船宿もあったが、後には遊漁船以上に川遊船がふえて来た。そしてそれらは男女の密会や宴席として利用し、また遊女などをのせて漕ぎ出すこともあった。

そうした船の世話をするのが江戸の船宿であり、またそこにとまることもできた。

善根宿

人は街道ばかり歩いたのではない。むしろ街道以外の道をあるいた者の方が多かったであろう。実は江戸時代には都会に住んでいる人口は三〇〇万ほどであったといわれる。すると農村や漁村に住んでいた人たちは三〇〇〇万にのぼっていたことになる。その人たちの中から順礼や道者も多く出たであろうし、またそうした人の家をたずねて伊勢の御師も高野の僧もあるいたのである。また熊野から出た熊野比丘尼、阿波から出たデコまわし、伊勢の太々神楽、富山の薬屋、信濃の梓巫女《あずさみこ》、越後の瞽女《ごぜ》など多くの人びとが旅をつづけている。その人たちは村から村へと歩きまわった。そこには木賃宿すらないところが多かった。そういうところではたいてい民家へとめてもらうのである。それが対馬のように村の家々が順番に宿をつとめる廻り宿の制度をとっていることもあった。旅人をとめることは村の義務と考えていたのである。いろいろの祈禱をしてくれるとか薬を売りに来てくれるような旅人は村ではたいせつにされた。そして村の家の財産がほぼ平均しているようなところでは廻り宿で人をとめた。

中にはまた村の庄屋・総代の家へとめることもあった。熊本県球磨地方などはそれであった。日本の一ばんはてで宿場というようなものもほとんどなかったし、もとは村と村をつなぐ道もほとんど踏み立て道であった。だから村の中にきまった宿のあろうはずもない。総代の家へとめてもらうより方法がなかった。そしてその家にあるものをたべさせた。宿泊費はとらぬのが普通であったが持っている米麦をすこしずつおいて行くのがならわしになっていた。

四国には八十八ヵ所の札所のあったために遍路とよばれる順拝者が多かったが、そのほとんどは善根宿とよばれる民家へとまった。村の中には老人夫婦で暮しているような家が時にあるものであり、また信心ぶかい家のあるものである。そういう家がよく遍路をとめたのである。善根宿はどこにもあったもので、見も知らぬ者をとめることを苦にもせず不思議にも思っていなかった。

私は昭和十年以降全国を歩きまわるようになったものであるが、民家へとめてもらった数だけでも一〇〇〇軒をこえる。そしてどこへいっても泊ることには不自由しなかったのである。つまり宿を営

遍路

業する者以外に自分たちとおなじ仲間であると見ればとめてくれる家は全国に満ち満ちていたのである。

仕事をもとめて町へやって来る者のためにも都会には宿があった。それを飯場と言っていた。大きい町にはたいてい飯場があった。飯場へやって来て住所姓名を名乗り仕事がほしいのだと言えばそういう男をそのまま家にとめておく。江戸では寄場といった。そして何か仕事の口がかかると、その仕事を割当てる。たとえば町の中で江戸時代に一番必要としたのは米搗《つ》きであった。個人の家で米をつく事もあれば、米屋が搗臼をならべておいて人夫に搗かせることもある。また薪割りも家々にとって重要な作業である。といって男一人を年中雇っておかなければならないこともない。そういうときに飯場から人をやとう。飯場にいる人たちを飯台子と言った。

一日働いて一日ごとに賃金をもらう。するとその中から親方が宿銭と飯代をとる。あとは自分の金になるのである。今日の日雇稼ぎと相似たものだが、宿つきであることが、特色であった。雑業の多かった大阪にはこの飯場がいくつも見られたのである。飯場は単なる口入屋でもなかったし、人足の寄場とも少しちがっていた。労力を保存して、労力を必要とするものに適当に配分するものであった。いつごろからおこってどのような歴史を持って来ているかについては今日までほとんどわかっていない。

起原も実態も明かでない宿はそのほかにもある。四国山中に見られる落し宿などもその一つである。泥棒をとめる宿であった。泥棒もまた一つの職業であった。田舎の泥棒は金をとるのが必ずしも目的ではなかった。物のあるような家にしのびこんで主として食料をとる。その食料を買ってくれるのが落し宿である。泥棒はまたそういう家へとまる。たいていは一軒ぽつんとはなれて住んでいた。そういう家を転々としてとまりあるく者もいたのである。そしてまたそういう家へ暗夜ひそかに食料を買いに来る貧しい人たちもいた。物をぬすむということは罪悪ではあるが、その罪悪を黙認する世界があった。それによってうるおうものがまた少なくなかったからである。このような宿の話は他の地方ではあまり聞かぬ。善根宿のもっとも多い地帯に落し宿のあったことは、貧しいものの世界にはそれなりに一つの連帯社会があったと見られるのである。そしてそれは真鍋島の人たちが海賊をはたらいてかすめとったものを京から来た商人が買いとっていくのと同じような考え方や生き方が、この山中に残存していたと見られるのである。

流人の宿

次に罪人などはどのような宿にとまったであろうか。それについては磯辺欣三氏の「無宿人」の中にくわしくのべられている。

無宿というのは宗門人別帳からはずされた者のことである。人は生れるとそれぞれその旦那寺にある宗門人別帳に名を書き込んでもらう。それによって村人として認定せられるのであるが、素行がおさまらなかったり、大きなあやまちをおかしたりすると、宗門人別帳から名を消してもらうことがある。またただまって家を出ていっていつまでも帰って来ない場合、人別帳から名前を消してもらうこともある。そういうものが無宿である。無宿になると村の中には住めない。町に集って来るか、街道筋に集って来て日雇稼のようなことをして日を暮す。街道筋の雲助などもその仲間であり、江戸に多かった連尺《れんじやく》もその仲間であった。帳外の民であるから取締りがむずかしかった。しかも享保十七年（一七三二）の凶作以来、村で食いつめたものが、村をすてて都会へ流れ出る者が多く、それが町にあふれるようになった。幕府はそういう者を郊外に移して新田を開墾させ、新しい村をいくつもつくらせたが、安永七年（一七七八）以降は、そうした浮浪人を捕えて佐渡に送り、金山の水替人足につからことにした。金坑がだんだん地下深く掘り進まれるにつれて地下水のわく量がふえ、その地下水を汲みあげるのに多くの人夫を必要とし、佐渡の人たちを使用するだけでは間にあわなくなったのである。

無宿人はもとより罪人ではない。それを捕えて佐渡へ送ることにしたのである。そこでまず無宿人狩をはじめた。そしてそれは江戸ばかりでなく関東全体におよんだ。捕えるとこれを江戸の町奉行所へ送らねばならぬ。途中で逃げ出したり、悪事を働いたりしてはいけないとて、罪人同様籠へ入れておくることにした。

また江戸の無宿人は佃島の人足寄場にあつめ、それぞれ労働に従事させたのであるが、そのうち前科のあるものを佐渡へ送ることにしたのである。事実無宿人狩がすすむと、寄場に収容しきれぬほど人が集って来た。その中から佐渡送りがきめられる。

佐渡送りの道すじは、江戸から高崎へゆきそこから三国峠をこえて越後に入るもの。高崎から碓氷峠をこえて信濃に入り、越後出雲崎から佐渡へわたるもの。今一つは奥州街道を白河までいってそこからわかれて会津へ入り、阿賀川にそうて下り、赤谷・山内・新発田・松ヶ崎を経て新潟に出るものである。

無宿人は目籠に入れて運ばれる。一つの籠を二人でかつぐ。途中で交代してかつがねばならぬから四人必要になる。その人足は途中の宿場から出すが、これは公儀の仕事なので人足は無賃である。

山内宿

目籠には宰領の役人と足軽がつく。それがかれこれ無宿人ほどの人数になる。さらに無宿人に四倍する人足がつく。たいへんな道中になる。宿場では宿を用意しなければならぬ。そして目籠がつくと無宿の身柄を宿役人にあずけることにする。すると宿役人は目籠を宿屋にあずける。一軒に五人程度である。あずかる方では無宿人を預けて下さって有難い。取りにがさぬように不寝番をつける。もし思いもうけぬことがおこればどのようにして下さってもよい、という請状を出すのである。そこで宿場の者は不寝番に狩り出される。

宰領・手代や足軽は旅籠にとまり、宰領と手代は一汁五菜で木銭は一七文、足軽・小者は一汁三菜で米代八文であった。

無宿人の方は手足をしばられたまま目籠に入れられ、土間へすえておかれる。そのまま眠るのである。ただし、夜間は冷えるから籠の周囲へござを巻く。大小便も籠の中でするようにできていた。

こうした罪人の群が街道をゆくことは宿場としては迷惑なことであった。だから遠島に流される罪人はできるだけ海路を通るようにした。この場合伊豆の島々へ流されるものは霊岸島から船が出たが、隠岐・壱岐・五島・屋久島などへの流人は大阪から船が出た。罪人は船へ乗れば島へつくまでは陸に上って宿をとることはなかったから、沿岸の港の者も大いに助かったのである。ただし伊豆八丈島へ流される罪人は途中三宅島で半年ほどすごしたものである。流人を送る船は春秋二回江戸を出る。そして浦賀で点検をすませて伊豆の網代か下田で船待ちして新島へ向う。新島でそこへ流された人びとを上陸させると、次に三宅島へ向う。三宅島では乗せて来たすべての流人を上陸させる。その中には三宅島に流された者もあるが、八丈島へ流される者もいる。八丈へ流される者は三宅島で半年ほど暮す。たいていは民家にあずけられて島の生活になれる。そして半年たつと、三宅島へ来た流人の船で八丈島へ送られるのである。

流人墓（新島）

島流しの場合は島へ送り込めばもう島から容易にぬけ出せるものでもないし、また船の中でもぬけ出すことはむずかしいから目籠に入れるようなことはなかったし、民家へも泊められることがあった。

が、多くの場合は流人小屋をつくってそこに住まわせた。佐渡の水替人足とはおよそ違っていたのである。

しかしそれはそれとしても流人の旅にもまたこうして雨露をしのぐ宿はあった。そしてそれがまたどのように痛苦にみちた旅であっても人は生きることをのぞんでいた。

若者宿と娘宿

宿は旅する者のためにのみあったのではない。若者たちの若者宿、娘たちの娘宿も忘れてならないものである。今日のクラブや寮に展開して来る原形式だからである。昔は十五歳前後になると前髪を剃って元服し大人の仲間に入る。しかし大人と言っても結婚している大人とは区別して、男の方は若い者・若い衆・若勢などとよび、女の子は娘・めらしなどと言った。若者になればまず若者組に入る。若者組の制度の発達していたのは西日本、とくに海岸地方であった。東の方でも伊豆半島あたりまでは若者組が顕著に見られた。若者組には組頭がおり、たいていは年長者である。そして若者たちは村の祭・盆踊のような村全体の人がたのしむとき、その中心になって世話をし、また火事その他の災害のあったとき真先に出て働いたものである。

若者たちはこうして村人として村にいろいろ奉仕し、村がどういうものであるかを学びよい村人としての訓練をするのであるが、さらに彼らは宿を作って、そこに集って宿泊した。その宿の中には伊豆半島の沿岸のように、建物を別に持ってそこへ夜集って泊ったり、また一般民家の一間を借りて泊ったりする場合もある。そういうときには宿は村の中にいくつもできる。たいてい夕飯がすんでからそこに集って来て、時には夜業をすることもあり、また勉強することもある。鹿児島県や山口県下では幕末頃から明治へかけて、そこで盛んに剣道をおこなったものであった。つまり村の若者としての教養を身につける場所であった。

一しきりこういうことをしてそれから娘のところへ遊びにいく。娘が家々に居ることもあれば瀬戸内海地方のように娘宿をもっているものもあった。娘宿は民家の一間を借りている場合が多かった。夜になるとそこに集って糸をつむいだり、裁縫したりしたものであった。その間にいろいろの話もでる。広島湾内の島々では娘の遊芸が盛んであったから、ひまなときには三味線をひいたり唄ったり踊ったりしたものだそうである。広島県倉橋島の室尾では娘宿へあそびにいった若者で三味線のひけない者は下足番をさせられたといわれる。

若者宿（天草）

こうした交際の中で若者は若者として生き方あるいは恋愛のテクニックを学んだのである。と同時に将来結婚すべき相手もきまっていった。

若者宿は若者たちの社交クラブのようなものであったが、中には宿がきびしい訓練の場であることもあった。伊豆半島沿岸の漁村などでは若者宿のきわめて大きいものがあり、そこに十五、十六、十七歳の若者たちを全部一室に泊め、その間に十八歳の者がねて、年少の者の夜間布団をぬいだり、ねぼけて便所へ行きそこねる者の世話をさせたりした。そしてそれをさらに年長の者が監督していた。そうした訓練によって若者たちは社会人として育っていった。

しかし若者宿の中には島原半島沿岸に見られるように網親方の経営しているものもあって、そうした場合に、宿子は親方の網子として乗組むようになっていた例もある。

いずれにしても若者宿によって若者たちは兄弟以外の同年輩の者と親しくなり、時には兄弟結びをすることもあった。大阪府和泉地方の海岸では神様のまえで兄弟としての契りを結ぶ風習があった。それほどまた親しい友を持つこともあった。

いま地方農村をあるいて青年たちと話しあうとき、友だちのないこと、よい話し相手のないことをしみじみ訴えるものが多い。今は若者宿はすっかりきえているのである。

明治になっても若者宿はなお各地に見られたし、熊本県天草地方では今もなおおこなわれている。そしてこのような宿を中心にして明治三十年からは夜学が盛んにおこなわれるようになった。社交機関として、またよき村人になる訓練以外に、もっと世間のことを知り、社会人としてもはずかしくないような教養を身につけるためであった。このような風潮は西日本ばかりでなく、東日本でも海岸付近の村々には見られたところである。

これらの若者宿はかなり徹底した自治組織を持っていて、親たちも干渉することをゆるされなかった。

若者宿的な伝統は後に学校の寄宿舎などにひきつがれていくものと思う。しかも宿仲間の者の結束の固かった話はいろいろ伝えられている。たとえば青年の一人が娘と恋愛関係におちいったが親がゆるさないというような場合、若者仲間が、その娘を奪って連れて来て青年と共同生活をし、いっぽう年長の若者たちが、両方の親にそれを既成の事実としてみとめさせることが多かった。

あるいはまた娘宿の仲間の一人が結婚するとき、仲間の者一人一人は糸をつむぎ機を織り、着物に縫って、嫁にいく娘に贈る風習が山口県大島地方にはあったが、仮に一〇人の仲間があれば、どんなに貧しい家の娘でも一〇枚の着物を持っていくことができたという。

こうして若者たちは宿を中心にして、家庭では得られない多くの友情を得たのである。古い宿の慣習の中にはそうした社交的な意味をもったものが少なくなかった。温泉宿などもある意味で、若者宿や娘宿に近いものがあった。そしてそこでは若者宿などよりも更にひろい世間の人たちと親しくなる機会があった。

八　湯の宿

各地の湯

温泉が保養・治療のために利用せられたことはすでに度々のべて来たところであるが、これを利用したのは貴族たちばかりではなく、むしろ一般民衆であった。そして今日のようにただ豊富な湯にひたれる喜びだけを持とうとするのではなく、それで病気をなおし、また働くエネルギーをたくわえようとするものであったから、滞在する日数も長く、また温泉にゆくことを湯治に行くとも言ったのである。

「湯の効能の不案内な場所は、その土地の人によくききあわせて湯治すべし、病症によってあうとあわざるとあることゆえ、ゆるがせにすべからず」（諸国温泉案内）

とまず自分の身体や病にあった湯をえらぶことの必要を力説し、その湯が身体にふさわしいものならば

「はじめ一、二度入って腹がよくすき、食物の味のよくなるもの」

であり、そういう湯ならば、はじめの一、二日は一日に三、四回はいり、身体がよくなれば五、六回はいってもよい。しかし老人は気をつけねばいけない、とも言っている。

湯治はだいたい七日乃至一〇日が一単位であったようで「湯七日」または「湯十日」という言葉があるが、中には一ヵ月以上も滞在して湯治する人もめずらしくはなかった。このような風景は今も東北地方山間の温泉に見られる。

「諸国温泉」によると、近畿地方で有名なのは有馬の湯で、その歴史も古く、京阪の人たちの利用も盛んであった。しかし古くは浴室は一つで、湯槽の深さは三尺八寸、たて二丈一尺、よこ一丈二尺五寸、底は鋪石でその石の間に竹筒をはさみ、その中から湯がわきでる。この浴室をめぐって、湯宿が二〇軒あり、これを二十坊とよび、各房に大湯女と小湯女の二人の女がおり、この女たちは湯の順番がまわって来ると湯治客にそれを知らせ、また浴室での世話などもする。このほかに小宿と言って湯治客をとめる家々があった。

近畿地方にはこのほかにも紀伊の瀬戸鉛山、湯の峯などが名高かった。

関東では熱海・箱根が盛んに湯治に利用せられた。熱海は間欠温泉で、一日に六回熱湯を吹きあげたものである。したがって湯本に湯槽をつくることはできないから、湯本から樋で湯をひいて、湯本をめぐって数十軒の宿が軒をならべていた。

箱根は湯本・塔の沢・宮の下・堂ヶ島・底倉・木賀・芦の湯を箱根七湯とよびそれぞれ湯宿があった。宿と言っても今日から見るときわめて素朴なもので、外見上は農家とかわらなかった。「ファーイースト写真集」に箱根宮の下の写真が出ているが、家はすべて寄棟の草葺で軒が低く道もただ人の通れるほどの幅であった。

しかしこうした湯治場は東海道に近く、また江戸へも近かったので、大名や旗本たちの湯治も見られ、それぞれ本陣があった。いかにも単調で退屈な所のように見られるがみな結構たのしかったのである。たいていは相宿で、見知らぬものと一緒になるが、一つ部屋に起居し、炊事をともにしていると気をゆるして親しくできるようになる。湯槽の中でも世間話が出る。広い世間のことも湯の宿ではいろいろと聞くことができる。そして一週間すぎてまた一週間ということになる。一週間を一まわり、二週間を二まわりとよんだが、幕末の頃、湯代から食事代、雑用を含めて三まわりで三両かかったという。

関東ではこのほかに那須・塩原・草津が名高かった。草津については後にくわしくのべよう。

東北地方は温泉の多いところであるがその名を知られていたのは会津の天寧寺・猪苗代の地獄湯・白石の鎌先の湯などであった。天寧寺の湯本もあつい湯のわくところで、その湯を樋で家々にひいて湯宿が十数軒もあり、いずれも大きなものであったという。「この湯はまことに清潔にしてかがみのごとく日本無双の名湯なり」とある。また町中に惣湯という一棟があって、そこへは往来の人たちが主としてひたった。

猪苗代の地獄湯は高冷地にあるもので、昔は人家がなかった。そこで雪がとけると麓から湯宿をいとなむ者がのぼっていって小屋掛をする。そしてそれを貸す。湯治客は米・味噌・鍋・釜などを背負ってのぼり、小屋を借りて湯治する。この湯は熱湯で米を笹の葉につつんで湯口におくとたちまち飯になり、菜でもたけのこでもすぐゆでられた。

中部地方では筑摩の湯・山代・山中などが古くから知られ、中国地方では玉造・吉岡などが知られていた。四国は温泉の少ないところで、愛媛県の道後がひとり有名であった。しかしそれも湯量が少なく、湯本に大きな浴室をつくり、湯治客は周囲の宿から順番に入湯に出かけることは有馬の湯と共通したものがあった。

九州では別府が名高かった。ここには数多くの湯口があって、その湯口を中心にして湯宿があった。また民家も多く湯治客をとめたので早くからにぎわったところである。九州にはこのほか杖立（熊本）・武雄・嬉野《うれしの》（佐賀）・雲仙（長崎）などが早くから知られており多くの湯治客をあつめていた。

越後の湯

温泉についての民衆の関心は古くからきわめて強かった。それは治療に利用したからであった。したがって、温泉についての記載や紹介は温泉そのものが宣伝するのでなく、文人や医者たちが多くおこなっている。小村英庵の「後越薬泉」などはそのすぐれた紹介書の一つであり、幕末頃の新潟県下の温泉の状況をつぶさに知ることができる。それらの温泉の中には宿というようなもののととのっているのは比較的少なく、農家が宿をかねるか、小屋のあるものが多かった。

糸魚川市の梶山などもその一つで、旅人小屋幅二、三間、長さ十四、五間のものが四つあり、湯槽は二間半に三間ほどのものが一つあり、混浴になっており、百四、五十人はとまることができるとある。また北陸道の駅路海浜に近いので魚塩諸物とぼしからず、老少ゆきやすしともある。小屋住いであるからすべて自炊であった。

温泉には、寺院の持っているものが少なくなかった。関山の湯なども関山宿の宝蔵院持であった。そして関山に代官という者がいて、五月から八月下旬までの間温泉に出張して旅人を支配していた。

この温泉も梶山とおなじような旅人小屋が一〇棟と代官出張小屋が一棟あった。このほかに茶屋も四、五軒ある。

関山に近い赤倉には旅館が二〇軒あまりあったが、その半ばは遊女をおいていた。遊女と言っても湯女のようなものであったと思われる。

街道に近いか、または町場に近い温泉には旅館——それも旅籠のあるのが普通で、東頸城郡松之山の湯などは旅人小屋四軒のほかに旅籠が七軒あった。また北魚沼郡小出町の大湯なども旅館が七、八軒あった。ここには湯槽が四つもあった。が同時にその湯を樋で旅館にひいているのが特色であった。今日なら湯を湯本からひくくらいのことは何でもないが、古くは湯口が低いところにある場合は、それを高いところへひくことは容易でなかったから、内湯を設けることはできなかった。湯口が高いところにあれば内湯は可能になる。大湯はそういう条件にめぐまれていた。それに小出から下は信濃川を川舟もかようので、長岡あたりからの湯治客も多く、山中の温泉ではあるが、深雪の中でも湯治客がたえず、したがって一年中営業ができ、旅籠の経営もなり立ったのである。

ところが、そこからわずか八丁ほどのところにある栃尾又温泉は湯がぬるく、湯槽も幅八、九尺、広さ三間あまりの板囲いのものが一つであり、十月八日以降は寒くて入ることができなくなる。そういうところには旅館はなく、旅人小屋が四つあるのみである。しかしこの湯にひたると子供が出来るとて、若い女の入湯が多かった。

南魚沼郡湯沢の湯は三国峠越の街道にあるので旅館があった。湯口も高いところにあったけれども湯が熱く、筧で三、四丁ひいて来て板箱式の温槽に入れていたが、さっと入ってさっと上るのでなければ長時間は入ることができず、湯槽の中に横に丸太をおき、ちょっとつかってあがると湯槽の縁に腰をかけ、足を丸太にかけてしばらく休み、またひたるという風にして四、五回くりかえし、それから宿にかえって休む。湯治というのはそうしたことを毎日くりかえしていたのである。

北蒲原郡水原町の出湯なども、水原へ近いということで年中湯治客のあった温泉で、旅館も十四、五軒あった。ここの湯も禅宗の花報寺という寺が湯本をもっていた。湯本は寺の厨の床の下にあり、そこから土中に樋をうめて外に導き出し五つの湯槽に入れ、湯治客に入湯できるようにしてあったが、湯槽によって入る者を異にし、方丈湯、大衆湯、村の湯が地元の人たちの利用するものであり、別に旅人の湯というのが二槽あって、遠い旅から来たものがこれを利用したのである。

雲母温泉

このほか岩船郡関川の雲母《きらら》の湯も湯が豊富で知られていたが、ここには旅人の往来も少なかったから、旅館はなく旅人小屋が二〇軒もあった。屋根は茅葺で、大きさは他の温泉の旅人小屋とおなじであり、寝泊りができ、また自炊できるようになっていた。

このほかに冷泉をわかして湯治するものがきわめて多かった。この方はたいてい農家が自分の家の中に湯槽を据え、湯をわかして入湯させたもので湯槽が温泉のように大きくなく、したがって、一軒の家で世話のできる湯治客も限りがあった。しかし内湯であること、農家がこれをおこなっているということで、おのずから湯治客も一定し、いわゆる長年の得意客のみをとめるようになっていたのである。

温泉へはたいてい気の合った者たちが四、五人くらいで組んで出かけていく。布団から米・味噌まで持っていくのが普通で、荷が多いから、家族や近所の者も送って来てくれることが多かった。そして宿へおちつくと自炊をはじめる。粗末なものをたべ、粗末な部屋へ起居しての日々であったが、それでも結構たのしく、皆歌ったり踊ったりしたようである。そして一週間をすぎると、自分の村から親兄弟、親戚、知人などが御馳走をつくって見舞にやって来る。これを湯治見舞と言った。その御馳走を同室の者にもふるまい、見舞客は一晩とまって湯に入っていくのが普通であった。

さて湯治を終えてかえるものは何かみやげを持って帰るならわしがあった。湯の花であるとか山菜類をとって干しておいたものを持って帰ることもあった。東北地方ではコケシを買って持って帰る風習があった。だから温泉の近くにはコケシをつくる家がたいてい何軒か見られた。湯治をおえて帰るまえになると、家族や親戚のものが迎えに来てくれる。そしてまた山坂こえて帰っていく。

春の仕事のはじまるまえ、田植の後、秋の取入れのすんだあとなど、どこの温泉もにぎわったものであった。

上毛の湯

古い湯治がどういうものであったかをつぶさに描写しているのは「復軒旅日記」である。復軒は明治のすぐれた国語学者であった大槻文彦博士の雅号で、大槻博士はたびたび温泉湯治の旅に出かけている。その最初は明治十二年八月群馬県下の温泉をめぐり歩いた旅であった。当時はもう馬車が走るようになっていた。八月七日の夕方浅草の家を出て、万世橋の馬車会社の開盛社で一泊している。これは朝早く馬車が出発するためであった。この頃には馬車屋や廻漕店が旅宿を兼ねているものが多かった。

さて八日は午前二時に馬車が走り出した。そして午後三時には高崎へついている。一日に二八里走ったのだが、徒歩によることをおもえば便利になったものであった。翌朝は馬を借りて、昼まえに伊香保につき木暮八郎の家にとまった。この宿には東京の有名人がずいぶんたくさん来てとまっていた。そこで、日々主人などもあつめ、酒を汲みかわし遊浴中の興もいと多かったと復軒は記している。酒をのんでいるばかりでなく、ひまがあれば付近をあるいて風物を見、また原稿を書いている。復軒は逗留中に三巻の書を書いて「伊香保誌」と名付けた。そうした原稿のかけるほどおちついた湯の宿でもあった。そして九月五日までここに滞在し、六日朝五時、人夫に手荷物握飯を背負わせて出発している。そして山を北へ下って塩川の湯を通りすぎた。ここは湯戸は一戸でそれが田の中に小さく立っている。戸主は村上正吉で、もとは山伏であったが、明治維新のとき山伏をやめ、この湯戸を買って移って来た。湯戸で宿をするようになっていて、多いときは二、三〇人もとまり、一年通じて六〇〇人ほどの客があるという。

復軒はそこから北へあるいて、今の四万温泉にいたった。このあたりでは湯治客を湯道者といい、四万温泉郷のうち山口の湯にとまる者を碾割《ひきわり》道者といったという。山口の湯は家も古く不潔で、貧民の浴地となっているために、このようなよび方がある。しかしここにあらたに発掘された新湯は湯質がよく、宿もあたらしく、最近一年の湯道者が三、四千人、夏は一時に七、八百人も来るという。もとより今日にくらべるならお話にならぬほどの小人数であるが、それでもこの山中に荷を背負うて来て、一人が十日二十日と滞在するのであるから延人員はずっと多くなる。つまりこれに一〇倍二〇倍する人数になるであろう。したがって実質的には今日とたいして差のないほど湯治客があったことになる。

さて温泉宿をいとなむ者はたいてい湯の出るところに最初に住みついた者であり、その人が後には庄屋・村長をつとめるようになっている。新湯は湯宿が二戸あって、一戸の主人が四万の村長をつとめていた。復軒はもう一軒の方の関善平の家にとまっている。浴場は道ばたにつくりかけて内湯はなかった。

温泉は半ば公共的な施設であった。四万には河原の湯というのがあった。河原に一軒湯小屋があったが、真田伊賀守が沼田城主の頃に土地の庄屋共が温泉を守り、浴客から一人一銭ずつをとり十年平均取上げで湯小屋・湯槽を修理し、残金を領主へ上納した。これは領主が修理料を出してくれていたためであった。

また、四万の湯には蒸湯というのがあった。浴場の内に湯槽の一方に高さ三尺ばかりの袋戸棚をつくりつらね、下に熱湯の流れる上に簀《す》の子を渡し、むしろを敷き、中に入って戸をとじ、木枕をあてて仰臥し、背中を蒸すのである。原理的には瀬戸内海地方の石風呂と同様のものであった。

復軒は四万から入山村を経て草津の湯本、山本十一郎の家へついたのは九月七日の夜十一時であっ

草津温泉の湯ばたけ

た。

草津は当時からすでに繁栄をきわめていた。涌口について湯槽をもうけること一〇ヵ所余り、町家はそのあわいあわいに町並正しく建てつらね、凡そ三丁四方もある。明治二年に一市みなやけて薬師堂のみのこったが、近年旧に復し、家も三層のものが古くから多く、中には一〇〇室あまりある旅館は全部で大小一〇〇余りある。そのほかに人家も多く、棟数から言うと三、四百はある。旅館で内湯のあるのも一〇軒あまりある。

たいていの温泉が山の崖下か、谷間にあってひらけたところはないのに、この地方のみは、すり鉢のようでややひろく市中の道幅も広い。湯治客もしたがって多く、年に数万もあったが近頃少し減っているとしるしている。

この地は海抜も一〇〇〇米をこえ、冬は寒さがことのほかきびしい。そこで夏四ヵ月の間温泉宿をして十月になると冬住と言って、草津から東へ下った六合《くに》村に家を持ちそこへ移って冬をすごす。そして数十人の者がのこって宿舎を守っていたのであった。

ところが、その寒冷を利用して氷豆腐・氷餅・氷蕎麦などをつくり、また轆轤《ろくろ》びきをおこない、夏作ったジャガイモで粉をつくり、それを利用して焼酎などつくり、冬間草津にいても十分稼げるようになり、明治十年頃には草津で越冬する者が一〇〇戸にものぼるようになったという。

ここには昔からハンセン氏病患者の宿もたくさんあり「カッタイボウヤ」と言ったという。またここには熱の湯といって華氏一二五度の湯があり、それに入る慣習があった。もしこの湯に入って死ぬるものがあればそれは不治の病であると考えた。復軒はこの湯のさまをくわしくしるしているが、ここでは省くことにする。

九月九日復軒は草津をたって上沢渡の温泉をおとずれ、湯本の太十郎の家で休んだ。この温泉は草津の湯治客がかえりには必ずここで一浴一宿していったという。したがって逗留の湯治客は少なかったようである。かくて草津は今日見られる温泉街の様相をすでに明治の初年に持つようになっていたことが知られる。

伊東温泉の夜景

伊豆箱根の湯

復軒大槻博士は上毛のほかに伊豆伊東・箱根塔ノ沢・伊豆蓮台寺へも湯治に出かけている。蓮台寺は大正六年にいっているが、その頃でもなお湯治気分を味わうことはできた。

伊豆伊東へは明治三十五年二月二十一日に東京の霊岸島から豆州丸にのって出かけている。午前五時四十五分出帆して、午

箱根塔ノ沢温泉

后一時熱海に寄港し、伊東へついたのは午后三時であった。そして猪戸の枡屋へとまっている。そしてそれから四月三日まで滞在しているのである。この逗留往復入費合計六九円三三銭であった。その間、宿を中心にして方々を歩きまわっている。いかにも悠々とした日々であった。周囲の環境もよかったのである。二十三日には元猪戸のやり鉋の家を見にいっている。元猪戸で温泉宿を構えた最初の家であるという。その家の家族の住んでいる茅葺の一棟の一室は柱がすべてやり鉋で削ってあり、家の大きさから見て柱が大きく、色が黒く漆のように光っている。この家が伊豆第一の古蹟ということができる。二十七日には宿の主人と宇佐見の旧庄屋をたずね、古い観音像を見せてもらっている。三月七日には山をこえ修善寺にいって一泊。翌日伊東の宿にかえっている。宿にあっても主人を相手にしたり、泊っている客がたずねて来たり、退屈した様子は少しも見えないのである。

箱根塔の沢の湯治は明治三十六年三月二十六日からで、国府津まで汽車でゆき、そこから電車で湯本に向っている。電車賃は上等九六銭、中等は五八銭、下等は二八銭であった。湯本へおりると塔ノ沢まであるき、環翠楼という温泉旅館にとまっている。塔ノ沢でもこの頃には草津などとおなじような温泉旅館が発達しはじめていた。それはこの宿の名前が物語っている。そしてこの頃になると宿屋の名も○○屋といったような呼称のほかに楼・館などのついたものが出現しつつあった。

環翠楼もはじめは元湯と言っていた。そして秋山という者がもっていたが、維新前退転して福住氏となり、さらに中田氏が買い、明治十七年小田原万年町の鈴木氏が買ったのである。鈴木氏にいたって大いに改造し、客室も一般のもの四七、特別室一〇余あり、貴紳名士がとまるようになり、主人の母の七十の賀のときにはそうした人々から賀詞の詩歌を寄せてもらったものが七三〇点にものぼったという。古い旅館が旅客と密接に結びついていたさまがうかがわれるのである。

伊豆蓮台寺温泉

と同時に大衆のとまる温泉宿からもっとレベルの高い宿に成長して来たことがわかる。

塔ノ沢の滞在は九日ほどで、その旅籠料は何もかもこめて一日一円二五銭ずつ、牛乳毎朝一合ずつ、九日で五四銭、酒三升一合二円三二銭五厘、金三円茶代ならびに女中一統へ、帳場三円謝礼を出して、合計二三円八七銭であった。当時の貨幣価値に比して、いま約一〇〇〇倍であるから二万三〇〇〇円あまりを要したことになる。

蓮台寺への湯治は大正五年に肺炎をわずらい、

その療養のためで、十二月三十日に東京を出て東海道線三島で下車、そこで伊豆鉄道にのりかえ大仁につき、そこから馬車で修善寺へいって一泊、さらに馬車を走らせて蓮台寺に向っている。この頃すでに自動車の定期便が大仁から下田までの間に通じていたが、定員は四人、乗車賃は四円であった。馬車を利用すると、大仁を正午に出て蓮台寺へ夜八時についている。そしてそこの掛塚屋へおちついている。

蓮台寺は随所に温泉が湧出し温泉宿は九戸あり、いずれも内湯であった。そのほかに共同浴場もあり、素人家にも浴場のあるものがあった。旅館のうち上等のものは四軒ほどで他は田舎客を泊めるものであった。

掛塚屋はこの地第一の宿であったが、部屋数は八つであった。復軒はこの宿の家族の名と年齢を記し、もし再遊するとき、または友人の来遊するときに話さんための備忘であると言っている。このようにしてよい宿はよい客を迎え、よい客はまたよい仲間を紹介したものであった。

この頃から温泉の浴槽なども改装せられるようになっていったものの如く、掛塚屋の浴槽は四年前の新築で、その清潔なことは他の温泉に稀に見るところであると言っている。だが、この頃もまだ木槽であった。

しかしこの温泉は湯治場的な色彩は少なかった。昔から少なかったのか、あるいは明治大正と時代が下って来てそうなったのであるのか明かでない。この地は閑静で、来宿の客はたえないけれどもたいていは一泊するだけで、まれに逗留する者があるのみ。他地方から下田に来た者が下田へとまるよりは温泉でとまった方がよいとてやって来る。その他下田または付近の村からやって来て温泉にはいり、酒飯し、娯楽して、一泊しないで帰る者も多い。一月二十一日に蓮台寺の東の白浜村の者が来て、隣室で宴会をした。白浜はテングサがよくとれる。村民はそれをとり、村役場が一括して処理して売払う。一ヵ年に一五万円も水あげがある。諸費を差引いて残金を村民に配布する。三〇〇戸あって一戸あたり二〇〇円になるという。当時師範学校を出たばかりの先生の給料が一八円であったから、この金額がどの程度のものであったかを知ることができる。

さてそうした宴会のとき老妓めく者が一人いて、招かれて宴席で三味線をひくことがあるけれども、近頃の俄か分限――いわゆる成金というのは来ず、したがって豪遊する者もいない。土地の者はみな質朴であり、宿の設備も十分で不自由なことはない。魚は新鮮であり、酒も兵庫県灘のものが船で直接送られて来る。その上俗客の来訪なく宿は雑踏せず、温泉はあり、閑静で、編集などするには好適の地で、復軒はついついここに一一〇日あまりも滞在してしまい、辞書言海の増訂をおこない、また読書をたのしんだ。

そしてその間の経費のすべてが二六四円四二銭であった。これには汽車賃も馬車賃も入っている。宿泊賃は一〇三円五〇銭で、一日九〇銭であった。そこで掛塚屋茶代三〇円、主婦へ手当一〇円、専属の下女へ一二円、その他の下女二人へ八円、宿の息子に二円、便所掃除の老婆へ一円、また正月に宿へ祝儀五円、女中へ三円を贈っている。この方が合計で七一円になる。この当時までは宿代のほかにこうした心付けをするのが普通であり、とくに身分の高いものはこうしたことを心掛けていなければならなかった。

素朴な湯治宿から高級な温泉旅館への発達を「復軒旅日記」の三八年間の記事の中にもうかがうこ

とができる。そしてこの頃から温泉の雑踏が見られはじめるのである。湯治から行楽へ、長逗留から一泊へとめまぐるしい移りかわりが見られる。そしてかつての宿場の旅籠を豪華にしたような温泉郷が出現して来る。

湯治場風景

以上温泉宿の変遷をきわめて大ざっぱにのべて見たのであるが、それでは一つの温泉がどんなに変化していったかについて宮城県の鎌先と、群馬県の草津についてしらべてみた。鎌先は湯量は少ないけれども負傷したり骨折したりした場合によく効く温泉として早くからその名を知られていた。この温泉は正長元年（一四二八）に発見せられたというから室町時代の初め頃のことであった。京都の一条家の出で長吉という者が駿河今川の食客をしており、後にここに下って来て温泉を発見し、定住したといわれている。そしてずっと湯宿をしていたのであるが、後に三軒の宿ができ計四軒の宿がいまも営業をつづけている。

湯銭は大正時代には一〇銭であったが、地元の人はただであった。そのかわり宿の大掃除の手伝いをしたり、また宿でつくっている茶つみの手伝いをした。

鎌先の付近には家が三〇戸ほどあるが、その半分は温泉客を相手に生活していた。娘は温泉宿に奉公させ、母親は毎朝温泉へ野菜を売りにいく。かたわら百姓をして暮しをたてていたのである。

温泉宿はもとは九割まで湯治客であった。その湯治客は旅籠と出前と木賃になっていた。旅籠というのは宿で食事を出すものであり、出前は客から食事の注文をとり、注文せられたものを部屋へ持っ

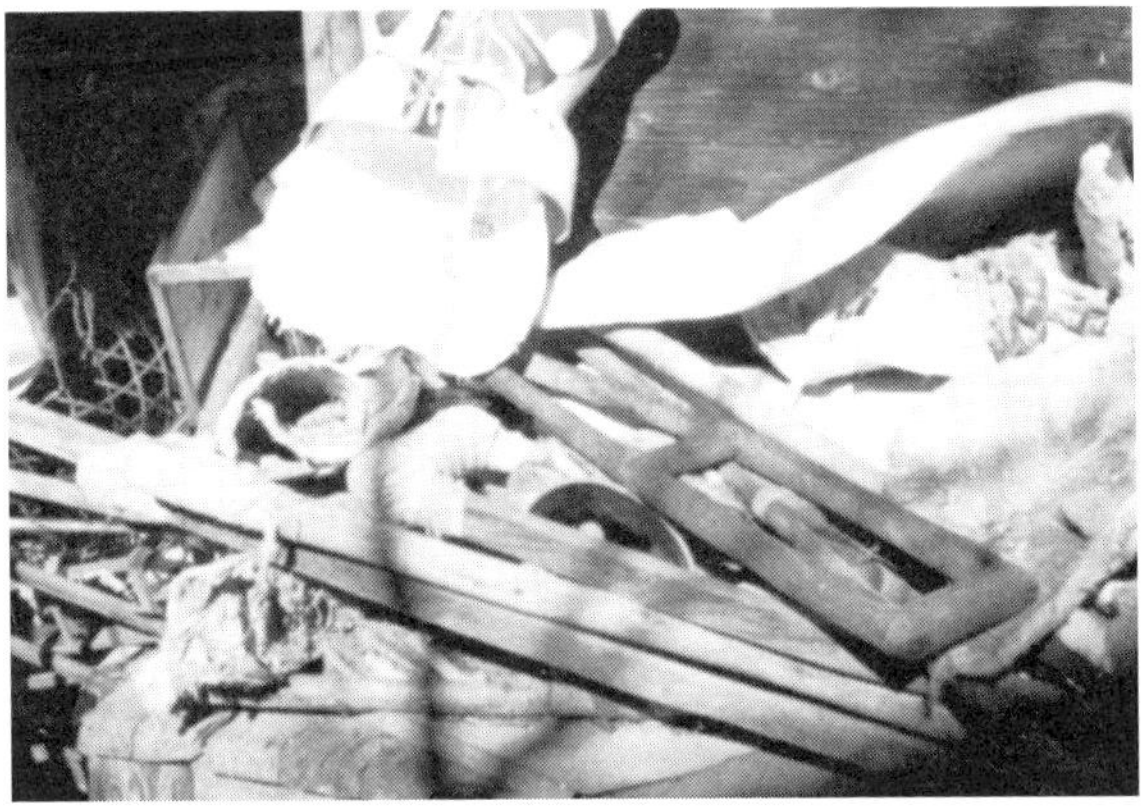

鎌先温泉神社——湯治に来て体の良くなったものがコルセットや松葉杖を置いてゆく

ていくのである。木賃は自炊するものであった。ずっと以前は木賃が多かったが、明治大正になっては旅籠や出前がふえて来た。出前は戦前までは見られた。木の板にメニューを書いたものを持って来て、ほしいものの注文をきく。それをつくって部屋にとどけるもので、今日の食堂に似ているが、たべる場所が各自の部屋であった。これは鎌先にかぎらず、関東地方の旅館でも長滞在の客に対してとられた一般の風習であったが、今はすっかりきえている。そして戦後はまた木賃が非常にふえている。これは終戦後湯治客に膳を出すことができなくなったからである。が、以前から木賃でとまるものも少なくなかったから、温泉付近の農家の女たちが毎朝野菜を持ってやって来て、広場でささやかな市をひらいた。そして市がすむと、宿の各部屋のランプのホヤふきをサービスとしておこなった。

部屋の広さは六畳か八畳であるが、一部屋に三人か四人とまる。相部屋になることが多い。湯治客の中には布団から食料までいっさい持って来るものもあるが、食料を持って来て布団を借りるというのもある。

最近観光ブームで一泊客がふえはじめているが、これはいずれも旅籠で、泊り客の割合からすると一泊客が四割をしめるようになったといわれる。湯治は七日から十日を単位にしていたが、今は五日が多くなっている。しかし福島県伊達郡の者は「伊達三日」といって三日で帰る者が多かった。

鎌先の近くに弥治郎という木地屋部落がある。そこの者が女中にも来れば野菜売にもよく来たが、男たちはコケシをつくって売りに来た。湯治の土産としてはこれが一番喜ばれたのである。

湯治客はずいぶん方々から来た。岩手県の三陸海岸、宮城県全体、福島県の浜通り、中通り、山形県の米沢盆地などの者がとくに多かった。そして年間四〇〇〇人近くとまっているが、平均して五日と見て、延二万人の湯治客になるわけである。このほかに一泊客がほぼ二〇〇〇人ほどある。この一泊客の方は観光ブームによってふえたものであるが、もとはほんの少数にすぎなかった。だから今も、湯治客も一泊客も区別なしに湯にひたっている。

もとは温泉宿だけでおでん屋もなければ、芸妓もいなかった。だから湯治客は集って話しあうか、歌うよりほかに退屈をまぎらわすものはなかったから、よく部屋と部屋との間のふすまをはずして演芸会をひらいたり、時には浴室ではだかのままで踊り出すことも多かった。また客の多い割に湯の方は少ないので、夜昼なしに誰かが湯に入っており、夜半でも湯殿のにぎわっているのが特色であった。

そして、誰彼なしに話しあう。そのような気安さがすきで毎年来る者が多く、私の逢った人など明治四十四年以来今日まで毎年欠かしたことがないと言っていた。女中たちもそうした客の世話をしているので、いつの間にか勤めが長くなり、皆一〇年二〇年もつとめているという。

が、そうした温泉にもコンクリートの別館ができて一泊客を迎え、またその客たちは芸者をあげてさわげるような設備を要求するにいたった。そして今芸者が四人いる。湯治客は毎月ほぼ平均してやって来ているが行楽客の方は波があり、六月と十二月はきわ立って少ない。また客の多い月といえども土曜日曜に集中する。そうしたことが湯治客のつくりだした雰囲気をこわしつつある。

私はこの温泉宿の廊下で社会党の佐々木更三氏にあったことがある。見たような顔だと思ったら相手がニッコリした、私もニッコリした。後で女中さんにきいてみると、佐々木さんだという。毎年何日か湯治していくという。そして湯槽の中で湯治客たちの話す世間話がきっとこの人の政治行動の上に大きく反映しているだろうと思った。ここでの湯治は単なる湯治ではなく、よい社会学の勉強の場でもあるからである。

湯治場から行楽温泉へ

草津は湯治場から行楽地に大きく変貌して来た温泉の一つである。そういうことになれば全国の温泉がそうした傾向をもっているともいえる。そしてもう湯治場的なおちつきをもった温泉はかぞえるほどしかなくなった。

草津は古い湯治場であった。そしてここに来るものは湯につかることが目的であり、垢をおとすことが目的ではなかった。この地の古い川柳に

　ふんどしをするが草津の名残りなり

というのがある。ここでは湯に入るとき褌をしていたのである。しかし今はすっかりかわっている。現在温泉客は八七万人にのぼっているといわれるが、湯治客はその二割程度にすぎない。

この地では湯本を湯畑と言っている。温泉宿はこの湯畑から下の方に多かったが、今は湯畑をとり

まき、さらに高いところまで分布している。一泊客のふえたのは戦後のことである。

さきにものべたように草津は冬は少数の留守居番をのこして六合村へ冬住みに下っていった。そしてその間大事な道具は倉へしまっておいたものである。その倉は現在一、二のこっている。

ただこの地の特色は昔から湯治宿をいとなんでいた家がそのままつづいていることである。いわゆる栄枯盛衰はほとんどなく、それぞれの家がだんだん発展していったのである。そして大槻博士のとまった山本十右衛門の家も今も山本館と言って栄えている。山本家は代々名主をつとめた。そしてまた草津の湯を管理して来た家でもあった。この地の家に盛衰が少ないというのは一つには村の結束がかたいためでもあった。後から入り込んだ者は別として、宿の大半は姻戚関係になっている。つまり村内婚が多かったのである。周囲の村からはポツンとはなれていたためであった。だから冬になって六合村の部落へ冬住みすると、その部落の娘たちがめずらしく、男たちはよく娘に手を出したもので、それがもとになって排斥せられて、六合村での冬住みができなくなったという話もある。

草津では村内婚が多かったばかりでなく、村が共同体としての結束がかたく外部資本を拒否しつづけている。だから今日見る大きなコンクリートの五階七階の旅館も在来の草津人が経営しているのである。したがって家々の発展の歴史がそのまま草津発展の歴史でもあった。

草津は交通機関の発達するまではおよそ不便なところであり、冬は無人になるような寒い地でもあったが、春四月になると人びとはここにのぼり、倉から道具を出し、宿をひらいて人を待った。湯治の客は方々から来たが、皮膚病にきくというので、いろいろの乞食が各地からやってきた。それが江戸時代に吉原が発展すると梅毒を病む者がふえ、鼻のくずれたような者が多くここを訪れるようになった。また埼玉県の農村からは湯十日と言って米を背負って来る者が多くなった。この農民客をのぞいてはまともな身体をしている者は少なかった。それが摂氏六〇度ほどの湯にひたるのだから死者を出すこともあり得たのである。熱い湯に入るために湯板で湯もみをしたものであったが、湯もみをしても長くはいってはいられなかった。が、ここに名士が来るようになって徐々に様子がかわり、明治三十年代には西洋風な旅館も出現していた。それより前宿屋の者たちが草津で越冬するようになった。これは草津を発展させる大きな契機になった。今有名な草津節も、この地での越冬が見られるようになってからうたわれ出したものである。

湯治の盛んな頃にはいろいろの人情あつい風習が見られた。長湯治客は一ヵ月も二ヵ月も滞在するものがあり、そうした人のところへは湯治見舞の客が来たものであった。また湯治客のかえるときにはおなじ宿の客たちが一人一〇銭ずつ出して茶と餅菓子をたべ芸妓をあげて踊りうたう送別会をしたものであった。そして運動茶屋の泣き灯籠のところまで送っていったものだった。

そうした素朴な温泉がかわり始めたのは昭和二十七年頃からであった。その頃から目に見えて観光客がふえ、毎年二〇％くらいのびていった。だから宿はいくら増設しても足らなかった。そしてついに八七万人をかぞえるにいたった。宿が大きくなるたびに宿泊費も高くなった。今までは一泊二〇〇円を単位にしていたが、もっともデラックスなホテルを建てた者は一人平均一日に四〇〇〇円をとり日々二〇〇人をとめなければ採算がとれなくなっている。

だが戦前から毎年来ている湯治客も少なくない。東京都内や埼玉から来ている人たちである。これは今もって高い宿泊賃の宿へとまろうとしない。そしてそれは素人の家に下宿して共同湯へ入湯にゆくことにしている。そこで、こうした半ば素人のような宿も正式に届け出て第二組合をつくることにした。その仲間は一六軒、毎日五〇〇人から六〇〇人の客があるから、一戸平均毎日四〇人たらずの客が泊っていることになる。そのほかに素人の家で湯治客をとめているものが一三軒あり、これは宿屋組合にはいっていない。これにとまるものも八〇〇―一〇〇〇人にのぼっている。実は一日に一五〇〇―一六〇〇人というのが、草津の古くからの湯治客であった。そしてそれはこの温泉の重要な得意客ではなくなっているが、なお根づよく尾をひいて湯治の伝統を守っているのである。

草津はいま冬のスキー客をも迎えるようになっている。そしていよいよにぎわっているが、そのかげに静かに湯をたのしみ、また心をあたためあいたい客が一〇万近くもいるのである。

長野県白骨も規模は小さいが、草津に似た温泉である。冬になると、山を南へこえた大野川というところへ下って越年し、春四月になると宿の戸をひらいて湯治客を迎えたものであった。それが中里介山の「大菩薩峠」の白骨の巻以来有名になり、湯治客から一泊の遊覧客がずっとふえて来たのである。だがまだ多分に素朴なものを持っている。昭和十年頃から越年し、最近はスキー客も迎えるにいたった。

九　旅のしかた

道中心得

昔は旅をするのにいろいろの危険があった。旅は道連れ世は情というけれども、また人の眼をごまかして悪事を働く者も少なくなかった。そうした旅の災厄を少しでも少なくするために、また旅をたのしいものにするために、たくさんの道中記や旅行用心集が書かれている。まず旅をする者は道中記を道案内にして歩いたものであった。ただしこれは字を読むことのできるものだけに役立った。また道中用心集には旅で心得ておかねばならぬ事柄がこまごまと記されてあった。

それらを見ると昔の旅がどのようなものであったかを知ることができる。旅する者にとっては旅に必要な道具をととのえなければならない。道中差・手拭・頭巾・股ひき・脚絆・足袋・甲かけ・下帯・扇・矢立・はな紙・小財布・大財布・日記帳・穀袋・巾着・耳かき・きり・小算盤・秤・大風呂敷・小風呂敷・薬・針・糸・髪結道具・煙草・提灯・ろうそく・つけ木・合羽・菅笠・手行李・綱三本などがある。綱三本はぬれたものを乾すためであった。おそらくこれらが最少限度であったと思うが、道中所持すべきものは、懐中物以外はなるたけ少なくせよと、どの用心集も書いている。芭蕉も「笈の小文」に

「旅の具の多いのは旅行のさわりになるとて、物をみなはらったけれども夜の料《りょう》にと紙子一つ、合羽ようのもの、硯、筆、紙、薬、昼笥《ひるげ》など物につつみ、うしろに背うたところ、すね弱く力ない身の、後にひかれるような思いで道がすすまず、ただ苦労ばかりが多い」

と書いている。

「旅行用心集」（文化七年）によると、はたごやへ着いたら、その地の東西南北をよく聞き定め、家作・雪隠・裏表の口などをよくおぼえておくとよい。近火・盗賊・相宿のけんかのあったときの役にたつ。

朝早くたつときはせわしないものであるから宵によくしらべて大事なものは風呂敷に包んでおくのがよい。朝のおくれは一日のおくれになる。

また旅は物事を控えがちにすれば身に益あることが多い。

道中で道づれになった人が真実に見えても、同宿したり食物や薬のやりとりはなるべくしない方がよい。

道づれは五、六人がよい。大ぜいで長い道中をすると意見がちがってかならず不和になるものである。

大酒飲み、てんかん病などといっしょに旅をしてはいけない。

道ばたの家居、または畑の中などにナシ・カキ・ユズ・ミカンなどの果物のつくってあるものを手出ししてはいけない。また村の中で五穀はもちろん庭に乾してあるものをふんではいけない。

山中や野道で女に逢って一通りの挨拶をするのはよいが、いらぬことをしゃべったり、田舎言

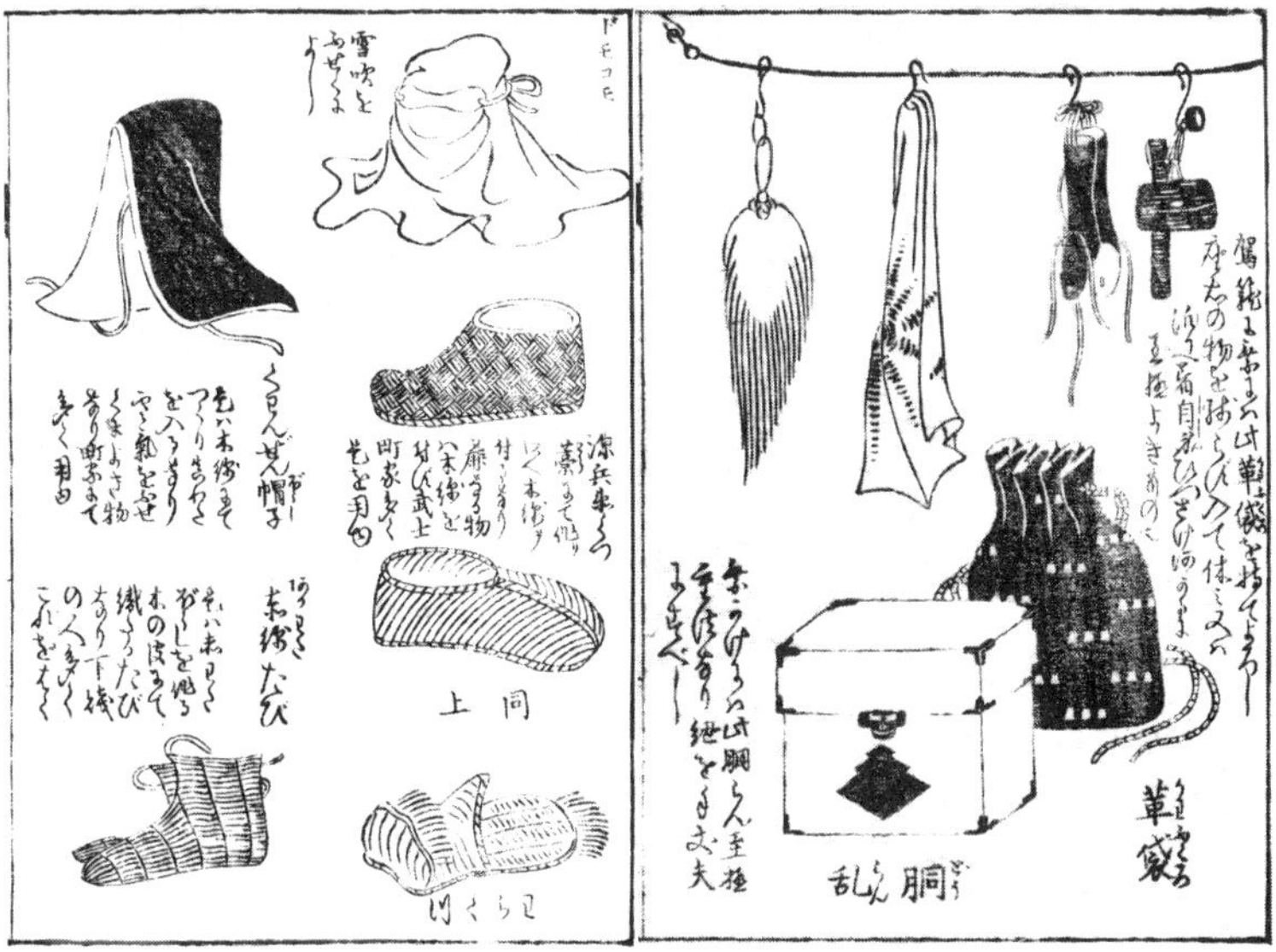

旅支度（旅行用心集より）

葉をみだりに笑うようなことをしてはいけない。

おかしな宿へとまったときは気持のよくないものだが、不自由を口に出さず、やわらかに物を言い、荷物や戸じまりに用心することが、道中心得としては一番たいせつなことである。

人が歌をうたっているからとて、こちらもそれにあわせて歌ってはならない。争いのもとになる。

道中で神社仏閣はもちろん橋や立木または大石へ落書や張紙をしてはならない、

と注意している。

そのほか道中心得について書かれた書物のうち、目にとまるものをあげてみると、旅行中に病気になるようなことがあっては困るので、腹がへったからとて道中で飽食してはいけない、空腹に酒をのんではいけない、色欲をつつしむべし、売女は湿毒を持っていて暑中はもっとも感じやすい、飲み水は清水をえらべ、などと注意し、山坂峠には杖を用い、道中茶屋で休むときは少しの時間でも草鞋をぬぎ、上へ上ってかしこまって休むとくたびれがなおる。足に豆のできるのは草鞋のはき方がわるいからである。足がつかれたときは塩を足の裏にぬって火であぶる。宿で風呂に入ってからもおなじようにする。またごまの油や醬油をぬるのもよい。膝の下の三里のところへ灸をすえるとくたびれない。などとの注意もしている。

そのほか道中の服装・路銀などについてもしるしてあり、中には図示したものもある。今日読んで見ても一々もっともと思われるものが多く、こうしたものをテキストにして旅をしたのであった。が旅行中に何よりも大事な心得は堪忍であった。

「船頭・馬方・牛つかいなどは口がやかましく言葉がいやしくて我がままなものであるから、これにまけまいとするとたいてい大事件になる。たいていはお金のことでからんで来るもので、銭二、三文を多く出せば万事はやくととのうものである」

とも言っている。今日の旅では因縁をつけるような者は少なくなっているけれども、旅人が旅人としてのエチケットを心得ていなければならないことは昔も今もかわりないのである。

また宿の方でも客のふところばかりあてにして、少しでも多くまきあげることを目的とするような悪らつなものも多かったけれど、旅行を正常化しようとする努力も見られ、文久三年(一八六三)の「諸国定宿帳」には

一、禁止されている賭勝負する客は宿を貸さない。

一、遊女買いするお客は宿を貸さない。

一、宿で酒盛し、高声で騒ぐものには宿を貸さない。

と記されているが、これは物静かな旅をしようとする者が少なくなかったことを物語るものであり、同時に一般の旅人の旅が放埒なものの多くなっていたことを物語っている。

しかも旅人にとって一ばんむずかしいのは、信用のおける宿のえらび方であった。それほど宿屋の道義のすたれた時代もあったのである。

旅宿組合

街道筋の旅行者がふえ、それを相手にして設備のととのった大きな宿が群生しても、それが旅行をたのしいものにさせ、また安心して旅行させてくれるわけのものではなかった。むしろそういう宿は旅人から一文でも多くの利を得ようとする魂胆の方がつよかったのである。だから旅館の発達につれて旅はいよいよ息ぐるしく用心深くしなければならないものになって来た。そこで旅人の中には安心して泊れる宿をもとめる気持がつよくなっていた。

幕末の頃であるが、大阪玉造清水町に綿弓の絃師に松屋甚四郎というものがあった。なかなかの腕ききで、手広く商売をしていたが、その手代の源助が、主人の作った弓の絃をもって村々を行商してあるいていた。歩くたびに宿をもとめるのに苦労した。女たちに袖をひかれて泊る宿にろくなものはなかった。だが、あるいていると、どこにも誠実な宿は少なからずあった。しかしそれは外から見たのではわからなかった。その誠実な信用のおける宿が一つの講をつくり、そういう宿へまた信用のおける客を紹介するようにしたらどうであろうと、主人に相談すると、甚四郎は、それは面白い事だといって江戸の鍋屋甚八と相談して浪花講というものをつくった。文化元年（一八〇四）のことであった。

この講に参加するものは、実意をもって旅人をもてなし、飯盛女はすすめない、もし加入旅館で不当な待遇をうけたものは講の発起人にしらせることなどをきめ、加入旅館には浪花講の看板をかけさせた。講元は甚四郎と甚八、発起人は源助で、江戸・京・大阪に世話方をおき、講の世話の費用いっさいは世話方が負担し、宿には迷惑をかけないことにした。そして仲間の旅宿を書いたものを刷って旅を多くする知るべの商人たちに配った。

これは非常に大きな刺戟になり、「五街道細見」などでも、宿の肩書に浪花講としるしている。安心して泊れる宿は誰もが求めていたもので、この旅宿組合の制度は間もなく多くの人によって試みられるようになる。天保元年（一八三〇）には大阪日本橋の河内屋茂左衛門と江戸馬喰町の苅豆屋茂右衛門によって三都講がつくられた。

ついで江戸湯島天神表通りの大城屋良助によって東講がつくられた。その趣意書を見ると、諸方に旅宿は多いけれども不案内のために難儀する。そこで東講をつくった。宿には目印の札をさげ、旅人にも番付を書き入れた鑑札を渡す。そこでどんな街道でも東講という札のさげてある宿へいって鑑札を見せれば、たとえ一人旅でも心安くとめ、賄もていねいで、たいせつな品も宿の主人があずかって間違いをおこさないようにする。そして遠路の旅行でも我が家へ寝ているようにするなどとある。事実そういう努力も見られ、その参加旅宿は東北・北陸・関東一帯・東海道地方に見られるにいたった。

これらの成功から各地に旅宿組合がおこって来る。そして明治に入ると、六年に静岡県袋井で栄世講、浜松で文明講がおこったがともに三年でつぶれた。同じ年静岡でおこった一新講はその後大いに発展して全国的になって来たが、鉄道の開通にともなって駅前旅館が発達するとともに街道筋の旅宿はにわかに衰微しはじめ、汽車の通じていない地方の古風な旅宿の組合として息をつないでいた。

いっぽう三都講は明治に入ると芝立講・神風講と合併して組織を拡大したが、これも鉄道開通のため宿場旅宿の没落にあい、その頽勢を挽回するために、一新講・真誠講などと合併して全国的にほぼ一本になって来た。

しかし明治維新以後旅宿の様相は大きくかわって来つつあった。それは明治六年に旅籠に抱えられていた飯盛女の売春行為が禁ぜられたことであった。彼女たちは普通の下女とは違って、身売りして来ていたものであったが、政府はそういう女たちの身柄の解放を抱主に命じた。そこで女の親たちはそれぞれ請書を書いたのである。

「遊女をしていたところ、今般御仁政仰せ出され、抱主から委細を申聞かされた。さっそく身元へ引きとって改業させます」

と記している。そして正業についたものもあったが、宿の亭主たちはなお悪あがきを見せ、遊女たちをそそのかして歎願書を出させ、売春営業を続けようと目論《もくろ》むものが多かった。

「速かに改業せよとの御慈悲の段はたいへ

一新講の看板

んありがたいのですが、幼少の時から遊女のみで暮らして来ており、これという手業のおぼえもない。しかも家はいたって貧しく、家へかえっても父兄の難渋はいや増すばかりです。そこでもと居た家へかえしていただいて、当分奉公し、諸業を見習った上で帰ることをお許し願いたい」と言っている。しかしそれは許されなかった。こうして表面上は旅籠での売春は禁じられてしまったのである。売春婦のいない旅籠はおよそ魅力のないものになったようであり、また街道も馬車や人力車が走るようになると上級の客はそれを利用し、新興階級の官吏などはとくに高級の宿でなければとまらなくなり、そういう旅館は官庁御用旅館や指定旅館の看板をかかげるにいたった。それはそのまま旅館の格式や権威を示すことになり、あえて旅宿組合に加盟せずとも、むしろ御用旅館であることの方を誇るにいたって旅宿組合はしだいに衰微せざるを得なくなって来た。いっぽう飯盛女たちは酌婦・仲居などの名のもとに料亭や茶屋へ集って来るようになる。料亭は人を泊めず、酒食のみを供給するものであったが、明治時代にあっては料亭の発達はめざましく、どんな田舎町にもこれが存在しないところはなかったと言っていい。そして酌婦の多くはひそかに売春をおこなっていた。

講と宿坊

江戸時代も中期以降になると実に多くの人が動いた。その多くは参拝の旅であった。それぞれの村において、神仏を信仰する者たちが講を組み掛け銭をして毎年交代で代参者をたてる。それらの代参講について見ると、北の方から言って、出羽三山をまつる三山講、宮城県の金華山を信仰する金華山講、山形県大山の善宝寺を信仰する大山講、関東地方では栃木県の古峯神社をまつる古峯講、群馬の榛名山を信仰する榛名講、秩父の三峯をまつる三峯講、神奈川県の大山を信仰する大山講、中部地方では戸隠講・秋葉講・富士講・津島講、近畿地方では愛宕講・山上（行者）講・住吉講・松尾講・多賀講・熊野講・稲荷講、中国地方では出雲講（大社講）、四国地方では金比羅講・石槌講・大師講、九州地方では太宰府講・彦山講・鵜戸講などがある。また全国的に分布を見ているものに伊勢講がある。

高野山

このような講には村の者が任意で加入しており、年に何回か集って信仰する神仏をまつり、また代表者をきめて代参させるのである。それには、それらの社寺から御師や神主がやって来て、家々の祈禱などしてあるくものもあったが、そういうこともなくて、在村で講会をもよおし、代参をたてるというのが大半である。そして右にのべたような講にあっては、それらの神仏への代参者の数はだいたい五万を下ることはなかったようである。したがってこれらだけでも一〇〇万を下ることはなかったであろうし、別に伊勢へ参る者が四〇—五〇万にのぼっていたと見られる。

そのほか講はなくても、山形県立石寺、神奈川県江ノ島、長野県善光寺、京都の本願寺、知恩院、和歌山県高野山、鳥取県大山、岡山県瑜伽山、愛媛県大三島、大分県宇佐などへの参拝者も五万乃至一〇万はあったと見られる。しかもそれらの参拝者はかなり遠くから来ている。

またこれら以外の信仰せられている神仏への参拝をあわせるならば、どんなに少なく見つもっても、一年に三〇〇万をこえる民衆が、参拝のための旅をしていたことになる。それは当時の日本の人口の一割にあたるのである。今日の人口は一億であるから、その一割とすれば、今日一〇〇〇万人が動いたのとおなじ比率になる。したがって参拝旅行者だけでもそうとうの数にのぼっていたことがわかる。しかしこれを昭和三十七年の国民の泊りがけの旅行回数七〇〇〇万人回に比すると、七分の一ということになる。

ただし前記の参拝旅行者の三〇〇万人というのは参拝に限られているのであり昭和三十七年の七〇〇〇万人回というのは観光以外のあらゆる旅を含めているのであるから、観光のみについて見ればその三分の一にも足らないであろう。したがって二〇〇〇万あまりが観光客と見られ、それは実質的には幕末頃の七倍にものぼっているが、総人口に対しての比率の上から比較すれば今日ではせいぜい二倍程度にすぎない。しかも一回の旅行日数が二・四五日であると見られているから、幕末頃の徒歩による旅行日数に比すれば著しくみじかい。おそらく参拝旅行は平均して五日を下らなかったであろうから、昔の参拝旅行と今日の観光旅行の日数とは人口比率の上から見るとたいしてかわってはいなかったのではないかと思われる。

ただ今日では事務上の旅行が昔とは比較にならぬほどふえているのである。

さて昔の参拝旅行は道中は一般の旅宿にとまるとしても参拝地へゆくと宿坊にとまることが多かっ

た。伊勢の場合は最盛時には山田に六一五軒、宇治に二四一軒の御師の宿があった。それはまったくおどろくべき数字であったといっていい。

高野山なども江戸時代の最盛期には坊舎が二〇〇〇に達していたといわれる。今日の宿坊よりははるかに小さいものであっただろうが、それにしても、その二〇〇〇がみな信者をとめたとすればたいへんな数にのぼったであろう。その坊舎が、大正十年頃には一二〇に減り、現在は五〇に減少している。これは参拝者が減ったのではなく、交通が便利になって日帰りの客が多くなったためである。

羽黒山の宿坊・斎館（元禄十年建立）

出羽三山なども幕末頃には三三六坊あった。

富士山は登山口が多く、大宮・村山・須山・須走・吉田・河口などに御師がいたが、その数は全体で、二三〇ぐらいにのぼっていたようである。しかし富士は山が高くて山頂をきわめるのが容易でなかった上に宝永年間の噴火が大きくひびいて、吉田口、河口などのように中世にもっとも栄えた登山口が、幕末の頃にはさびれてしまって、河口の方は一〇〇人もいた御師が一人もいなくなっていたようである。そのもっとも栄えていたのは江戸中期以前ではないかと思われるが、須山口だけでも、寛政十二年には五三九八人がのぼっている。また一人の御師が登山の世話をする数は、登山口と宿坊の持つ旦那の数によってまちまちであるが、だいたい五〇〇人から一〇〇〇人の間であったと見られる。すると最盛時には一〇万程度の登山者があったことになるが、はたしてそれほどあったかどうか。

登山者のうんと少なくなった幕末の頃でも吉田口から登ったものが八〇〇〇人あったという記録があるから、六つの登山口がおなじほどの数を取扱っておれば四万八〇〇〇人になり、最盛時は一〇万あったと見ても不当ではなくなる。しかも今日御師の家にのこっている道者帳によると、登山者は全国に分布していたのである。

奈良県山上岳（大峯山）も山伏の道場として全国に知られたところであり、江戸時代に入ると一般民衆もこの山にのぼるようになる。その人たちはいずれも山上講を組織しており、それが先達につれられて登山したのだが、同時に十五歳になった若者たちも元服の祝としてこの山にのぼるものが多かった。そしてそういう者が幕末の頃五万を下らなかったというから、富士山などとおなじほど登山者があったことになる。山上岳への登山口は吉野・洞川・玉置口などがあったが、一番容易にのぼることのできたのは洞川口であった。洞川は山上岳の西側の中腹にある。そこまでは奈良県下市から道があり、洞川からすこし上ったところに水行場があり、そこで水垢離をとって山へのぼった。そして山を下って来ると洞川で一泊した。洞川には一〇軒の行者宿があった。この宿の人たちは強力をつとめていた。山から下った人たちはこの宿にとまる。

登山者が相つぐ頃になると洞川へは大ぜいの売春婦が来た。そして宿の村近の家を借りて売春した。山から下って来た者はこれを精進落しとよび、十五歳の者はそれで大人になると信じていた。

しかし洞川に行者宿ができる以前には吉野・洞川には何百というほど宿坊があり、人びとはそこにとまっていたという。また山上の小笹にも三六の坊があり、夏になるとそこに人びとを泊めたものだといわれる。それらのことから考えて、最盛期には一〇万の登山者があったのではなかろうかと洞川の人たちは言っている。そして洞川にも見られるように古くは御師の宿坊を宿にしたものが多かったが、関西地方では御師が退転し、社寺の門前に発達した宿にとまるようになっていた。実はそれらには御師の俗化したものが少なくなかったのである。阿蘇山なども麓に山伏寺が三〇軒あり、頭を座主ととなえ、熊本侯から一六〇石の土地を与えられ、その前に坊中というわずかばかりの町があり、宿屋をいとなんでいたと「西遊雑記」にある。

洞川竜泉寺

こうして多くの信仰者をあつめた社寺の門前には門前町が発達したのであるが、これらの旅宿も地方の信仰の講組と結びつけていてその盛衰は信者の数によって左右せられていた。その組織の最大なものが、伊勢講と御師の宿であり、おかげ参りの年には参拝者が爆発的に増加したのである。いまのこっている資料によって見ても、宝永二年(一七〇五)のおかげ参りには閏四月九日から五月二十九日の五〇日間に三六二万人、明和八年(一七七一)には四月八日から八月九日までの間に二〇七万四五〇人、文政十三年(一八三〇)には四〇〇万人の参拝者があった。これだけの人が動くと宿だけではとめきれず、沿道の民家が宿を開放し、その他人のとまられるほどのところへは皆とまっていった。堺の町は阿波(徳島)の人びとが船で来てそこから上陸して陸路を歩行したところであるが、参宮客に宿を乞われたり、物を乞われたりするのにくたびれて、堺町民も家を釘着けして皆伊勢参りをはじめた。沿道の人たちの参宮は参宮客の往来のわずらわしさをさけるためのものも少なくなかったことをこれで知り得る。伊勢道の沿道の農家に成長した老人から、慶応三年(一八六七)のおかげ参りの話をきいたことがある。夕方になると参宮客があたかも自分の家のような様子で入り込んで来て、土間といわず座敷といわずそれぞれ仲間のもので占居してとまっていった。しかも見知らぬ者同士が、兄弟のように親しくしていたという。家に三つになる妹がいるのを見て、連れて参ってやろうと背負って出ていった。それから四、五日してまた妹を負って帰って来てくれたという。おそらくその娘を背負ったまま歩きつづけたのであろう。

信仰の旅に対して民衆は一般に連帯意識を持っていた。そして見知らぬ者が宿をもとめても疑わずにとめたのである。いっぽうそれぞれの社寺には宿坊があり、そこで安くとまることができる。そういうことが信仰の旅を発達させた。そしてそれが武家政治の息苦しいまでに制約の多い世の中に、今日ではちょっと想像もつかぬほどの多くの人びとに旅をさせ、また広い世間を見させたのである。

金持たぬ旅

そのほかにも民衆の旅を支持したいろいろの要素があった。それらのことは多くの紀行文を見ればわかる。いまここに二、三の書物によって旅のしかたと宿のとりかたについて見ていこう。

松尾芭蕉は元禄二年（一六八九）三月二十七日江戸をたって東北の旅に出たのであるが、芭蕉に随行した曾良は「奥の細道」のような美文調ではない日記をのこしている。それによると行く先々の宿がしるされているが、一般の旅宿にとまることもあったが、庄屋などにとめてもらっていることがきわめて多い。時にはまた前夜とまった家で添状をもらって次の宿へ泊っている例もある。一般に皆親切であったが、仙台より一三里、小野と石巻の間の矢本新田というところでは咽喉がかわいたので家ごとに湯をのませてくれと頼んであるいたが、誰も飲ませてくれぬ。困りはてていると、年の頃五七、八歳の刀をさした男が気の毒がって知人の家まで一丁あまり引かえして湯をわかしてもらって飲ませてくれた。そして石巻へいったら新田町の四兵衛のところへ泊れと教えてくれた。

「そういうあなたはどなたですか」

ときくと

「根古村（鳴瀬町）の今野源太左衛門だ」

と教えてくれた。また登米郡登米村でも儀左衛門というものに宿をたのむとことわられたので検断《けんだん》の庄左衛門の家でとめてもらった。

また旅をしても風呂に入ることはめったになかった。福島県飯坂は温泉なので湯に入っているが、「奥の細道」の方では、

「土坐に筵を敷てあやしき貧家也。ともしびなければいろりの火かげに寝所をもうけて臥す」

とある。平泉では白土主水の家にとまっているが、「風呂ヨシテ待」とあり、風呂をわかしてもらった

ことを銘記しているほど曾良には感銘のふかいことであった。また尾花沢では昼寺で風呂をわかしてもらったことをしるしている。それほど風呂へはいることは重大なことであった。

民家へとまった場合にはたいてい添状をもらって宛名の人をたずねてとめてもらったようであるが、柏崎では弥三郎という者の添状をもってたずねていった天や弥惣兵衛が無愛想で面白くないので、米山村まで歩いてたわらや六良衛のところへとまった。また彦根市平田の禅桃をたずねてゆくと、留守で鳥居本へいってとまったが、そこでも宿を貸しかねたとある。俳諧を興行しつつあるいた旅で、風流人も多かったのであるが、時にこうした拒否にもあっているのである。

愛媛県大三島の下見《あさみ》吉十郎は瀬戸内海地方へ甘藷をもたらした恩人として知られているのであるが、正徳元年（一七一一）六月二十三日から六十六部として全国をまわり、廻国日記をつけており、それによると多くは宿屋にとまっている。それもほとんどが木賃宿で、木銭は五文から三二文にわたっているが、備中（岡山）から西、九州へかけては安く、一三文をこえるものはない。最高は上野（群馬）の三二文であり、大和（奈良）から東海道筋・関東が高い。このような旅費は道々農家から報謝をうけ、その米麦を宿で買ってもらって作ったのである。時には善根宿へもずいぶんとまっているのである。この日記で見ると、いたるところで志をもらったり、報謝をうけたりしている。志というのはお金のことである。そして吉十郎の接したすべての人が非常に親切だったようで、旅を阻害するようなものがなかったばかりでなく、薩摩（鹿児島）伊集院の土兵衛の家で甘藷種をもらっている。当時甘諸は薩摩では国外へ持ち出しを禁止せられていたのである。見知らぬ者を泊めたばかりでなく禁制をおかすということはよほど勇気のいることであったと思うが、民衆の間にはこうした相互扶助的な共通感情があった。庶民間の文化伝播にはこの相互扶助的な庶民感覚が大きな役割をはたしている。

明和九年（一七七二）三月十六日、江戸をたって東北地方を歩いた文人画家中山高陽の「奥游日録」なども、旅の様子と宿泊のしかたをくわしく伝えているものとして興がふかい。

昔から旅するもので文字を書き得る能力のあるものならばたいてい旅日記をつけているが、それでいてどこへ泊ったかを書いているものはいたって少ない。しかし、この日記には泊った宿や庶民的な見聞が多く記されているのが特色である。しかもその旅はほとんど民家にとまっている。たいていは添状をもらって次の家をたずねていっている。芭蕉の頃から七〇年あまりもたってかなり文化のすんで来ていたためであろうか、人びとは実に親切で、実に愉快な旅をしている。しかも金はほとんど持っていなかったようで、世話になった家へは書や画を書いて渡している。それだけのことで気のおもむくままの旅ができたのであった。

そうした者の目にうつる東北地方は実によい所のようであった。

「奥州に入ってから駅夫から商人にいたるまで争っているのを見たことがない。また酒に酔って道にたおれている者を見たこともない。人みな温厚淳朴である。これは田地が広大で人の少ない為かもわからない。乞食の姿もほとんど見かけない」

ともしるしている。凶作さえなければ暮らすにはよい所であったのだと思われる。

高陽は宮城から山をこえて山形に入り、さらに鳥海山麓の象潟を見、ふたたび奥羽山脈をこえて仙台に出ているが、仙台の旅館で印象深い情景に接した。旅館の便所掃除をする人は藩の足軽だというのである。これは武士のはしくれなのである。それが町家へ手伝いに来て賃金をもらう。しかも便所掃除のようなことをしている。その時編笠をかぶっている。顔を見せないためで、旅館の便所掃除ばかりでなく、馬をひいて商《あきない》に出たり、耕作の手伝いに出ることもあるが、いずれも編笠をかぶっており、またその編笠を作って売っている者もある。そして生活のたしにしているのである。

また仙台から白石の西の鎌先温泉へいってとまっているが、浴場に人多くまず階上に案内せられた。このあたりには温泉が多いが、この湯を第一とし、浴場の人は奥州の田舎者なので、がやがやとにぎやかなことは箱根どころのさわぎでないと記している。踊ったり歌ったりしたものであろう。

そこで興をおぼえたものか、いま福島市のうちに編入せられている土湯を訪れている。ここは宿も鎌先よりよく、芸者もおり、夜になると三味線をひき鼓をならし歌をうたい、にぎやかなことこの上なく、温泉場で豪遊している者が多かった。その翌々日、土湯の橋の西側の宿で劇があるというので行って見ると白粉をたたきつけあって喜劇を演じている。おもしろくて腹をかかえて笑ったものである。その夜も宿では遊冶郎《ゆうやろう》が他駅から芸者・瞽女などをつれて来てどんちゃんさわぎをして眠らせなかった。

そこからさらに滝の湯へもたずねていった。奥羽地方の温泉は治外法権の楽天地であったようである。そして湯女とは別に温泉芸者のいたことは注目に値する。

こうしたのどかな旅をつづけて十月二十八日やっと江戸へ帰っている。七ヵ月半の旅であったが、金を持たずに出ても筆一本でこうした気楽な旅ができたのである。

高陽よりすこしおくれて天明三年三河国を出、東北地方を巡遊し、最後は秋田県角館で死んだ菅江真澄も、国文学を解し和歌の心得があり、また絵心があったということによって、金もたぬ旅をつづけ、多くは民家にとまり、それも同好の士をもとめつつ歩いている。しかもそれが三五歳から七六歳にいたる四二年間にわたるものであり、旅日記によると、宿に泊ったことは数えるほどしかなかったようである。そういう点では高陽の旅に似ているのである。

芸人の旅

さきに金をもたずしてあるいた富本豊後大掾の話を書いた。それと相似た旅をした者に落語家船遊亭扇橋（二代目）がいる。天保十二年（一八四一）十月二十八日仙台城下へ到着したところから筆をおこしている。扇橋は落語家であったから方々の座敷へまねかれて話をしながら旅をつづけたのである。この旅日記で心をひかれるのは締り役とか目明しの世話になり、またそういう家へとめてもらっていることである。締り役の家へいって、よろしく頼むというと寄興行の世話をしてくれる。そればかりでなく、宿の世話もしてくれる。宿がなければ自分の家へとめてくれるのである。これはなかなかよい旅のしかたであったと言える。絶対に食いはぐれもなければ困ることもない。

扇橋ははじめ松前まで渡ろうと思ったが、ことのほか不景気でその上上陸もむずかしいので渡航を断念している。そして八戸の湊までいってそこから引かえしている。

東北は人家も少なくさびしいところのように見えるが、町場になっているところには遊女屋が多く鮫港（八戸市）には遊女屋が一二軒もあった。しかも遊女が三味線をひいている。

町場にはたいてい宿があった。三戸の湖東屋は近江商人で酒もつくり宿屋も営業していた。

三戸から秋田県へこえて米代川について下り能代へついたが、そこにも遊女屋が八軒あり、その中には三階作りもあった。そして遊女屋をいとなむものは目明しであったとある。遊女屋のようなところへ罪をおかした者が多く集り、そこの主人が目明しをしておれば犯人も捕えやすかったのであろう。

　しかも遊女屋をしているような者は江戸とも深い交渉を持ち、江戸に知人を持っている者が多かった。扇橋が東北を歩いたのも、東北の目明しに知人が何人か居たためであろう。とにかく世間はあんがいせまく、旅先でそうした知人に次々に逢っている。

　能代から秋田・酒田まで来た扇橋はそこからまたひきかえして青森に向っている。青森は人家が三〇〇〇軒もある大きな町で船問屋が一一軒あり、その下に付け船小宿がたくさんあり、そのほか遊女屋も一二軒あったが、さらにこもというかくし売女がおり、きりうりとも言ったという。

扇橋の絵・八戸

　元来旅人は一ヵ所に一晩しかとまれないはずであったのに、どこでも長逗留している。そのためにも目明しの諒解が必要であったのかもわからない。ただ青森の津軽半島西岸の深浦では加賀屋という宿へとまったが、宿の主人が

「寄席でも座敷でも致したいつもりで来たのでしょうが当所は芸人は逗留できないことになってお

り、先達って月元という祭文よみがやって来たが、隣家で二座敷つとめただけで三日目には早々に出立せよと役所から言いわたされ、座敷代も集めかねる有様だったから、一夜ひそかにかくし泊めて出立させたことがあります」

と言ってくれた。主人は扇橋にはなすまえに、役人のところへいって座敷をさせてくれるようにたのんだがゆるされなかったので、このように話してくれたのである。そこで早々に深浦を引きあげることにしたところで、この紀行文は終っている。

落語家・俳優たちが西日本をあるいた記録はまだ見たことはないが、富本豊後大掾や扇橋の記事によると、彼ら以外にも多くの芸人があるいており、泊ることと食うことには事欠かなかったことが推定せられるのである。

では西日本はどうであろうか。伊勢参宮をしたもので、西日本から参宮したものは大神楽をあげてもらう金が東日本にくらべて少額であったという。檀家の数は多くても決して富裕ではなかったようである。それは旅路の上でも見られることであったらしく、古川古松軒の「西遊雑記」にも、岡山県から山口県宮市までの間は「日毎に宿なくして大いに屈せしことなり」とあり、室積を一見しようとして田舎をゆくと宿がないので稗田村の軒下に寝たとあり、彦山の付近では宿なくしていかんともなしがたく辻堂にやどって一夜を明かした。また豊後国は豊前よりも大国といえども風土は劣ってよろしからず、在中に入っては豪家とおぼしき百姓一家もなく、白壁なる土蔵などは遠見したこともない。在中山分に入っては草履わらじもはかず外から帰って足をあらうということもなくて座敷にあがる。周防・長門から豊後・日向・大隅などへ行商に来たものは宿で落合ったとき、早く日本の地（本州）

江漢のとまった家（西遊日記より）

へかえりたいものだと話しあうという。しかし城下町だけは中国地とかわりなくひらけている、とも言っている。中国西部から九州へかけては農民の生活がとくに貧しかったらしく、司馬江漢の「西遊日記」などにも貧しい農家にとめてもらった記事があり、宿場のようなところでも定宿はなく、問屋が宿をかねているか、または問屋に宿を世話してもらって泊る程度であった。

しかし西日本全体が貧しかったのではなく、物資の多くは船で輸送せられ、したがって港町の発達は目ざましく、そこには富裕をほこる家も多く、遊芸なども盛んであった。そして司馬江漢は平戸の北の生月島で人形芝居を見ている。また港々をわたりあるく遊芸人の多かったことも、池田蘭子の「女紋」などにうかがうことができる。これは明治末期瀬戸内海をあるいた講釈師玉田玉秀斎を主人公にした小説であるが、その頃の流浪の遊芸人の様子をよく伝えており、幕末の東北とたいして変りのなかったことが知られる。そして東日本が目明しなどの世話にならなければならぬことが多かったのに対して西日本では博徒の親分たちの世話にならねばならぬことが多かった。この関係は今日もつづいている。

西日本の旅

そこで西日本の宿の様子を「西遊雑記」と「筑紫紀行」によってもう少しくわしく見てゆきたい。「西遊雑記」は備中高水の古川古松軒が寛政元年（一七八九）四月九日郷里を出て九州各地を巡遊した記録であり、「筑紫紀行」はそれから十二年おくれた享和元年（一八〇一）三月十六日名古屋をたって長崎へ旅した吉田重房の日記である。

「西遊雑記」によると薩摩（鹿児島）は宿は比較的得やすかったとある。

「町場には旅人宿があって、門口に旅人宿と記した大文字の看板を出してあり、六十六部は木銭一二文にて心おきなく止宿することができる。しかし宿の方は二四文もらうことになる。というのは残りの一二文は国主から下されるのである。しかし一二文の木賃で食事を自分でつくらないときは、薪に鍋をそえて、宿の者には知らぬふりをして出てくればよい。路銀のかかる世話もなく、気らくな旅で、薩摩一見の志ある人は修行者の体がよい」

とある。幕末の頃になると鹿児島藩の交通旅宿の施策には見るべきもののあったことが知られる。

また熊本県人吉地方には独自の交通政策があった。相良氏の領内に入ると番所があって往来切手を改め、旅人一人でも村役人から番人を一人ずつつけて村送りをする。もっとも宿には其の地其の地の村役の家があてられ、宿代はもちろん米代もとらず、そういう費用はいっさい領主から下される。これは旅人に領内をくわしく見せないためであった。

その他では阿蘇の宿坊にとまったり、あるいは酒造家にとまったり、六十六部の家にとまったり、陶器の行商人の家にとまったりしている。つまり宿のないところではどこかにとめてくれる家があったのである。

「筑紫紀行」によると商人は商取引のためにかなり広い範囲にわたって旅をし、その範囲にはそれぞれ定宿のあったことが知られる。たとえば近江草津では年ごろ往来の折に宿る藤屋にとまり、京都富小路の尾張屋平蔵の家は京へのぼったときいつもとまる宿であり、宿の者も親切で家へ帰ったような心地がしたという。大阪の堺筋河内屋四郎太郎の家も年来の定宿であった。

重房は大阪道頓堀から船にのって瀬戸内海を下ってゆくが、船をつける港には遊女屋があり、また茶屋のあるのが普通であった。重房は丸亀に上陸して琴平に詣で、また海をわたって下津井に上陸し瑜伽山にのぼっている。社前には茶屋・宿屋五、六〇軒も両側にたちつづき、家ごとに下女二、三人ずつ門に立ち出て行く人をよんでいる。

重房は山口県室積まで海上をゆき、そこから陸路をとっている。ここまで来ると港もよく人家も二〇〇ばかり、問屋遊女屋はあるが、草葺が多いと言っている。それからさき川なども歩渡りしなければならぬものが多くなって来る。そして旅人の往還も少なくさびしくなっている。しかし下関までは宿場ごとに宿もあるが、九州に入って豊後路をたどると、宿が少なくなり、問屋の世話になったり、庄屋に宿の世話をたのんだりしている。大分県中津の城下は、周囲に堀をめぐらし、入口ごとに見付番所をもうけ、旅人を入れず、町家に用事のある者のみをゆるし、一般の旅人は堀のきわに道をつけてそれを往来させている。そこで城下にはとまれないから、城下の外町の島田にとまったが、宿屋がないので庄屋の世話で綿穀物を取扱う万屋小左衛門という者の家にとまった。

また彦山のように門前町が一〇〇戸もあるところでも酒造屋の升屋伝兵衛の家にとまっている。

筑後（福岡）・肥前へかけては村々に茶屋はあったが、宿は少なかったようで、久留米のような城下町でも入口から出口まで三二丁もあるが、町家のさまはよくなく、本町でさえも板葺に石をのせ、裏町は草葺きで、宿はたいへんわるい。それも二、三軒あるにすぎない。佐賀の城下は家居は比較的よいが、宿屋はない。城下の西の口を出た長瀬町に三軒あるのみである。

重房は五月二日長崎につき、芸者をあげたり遊女と寝たり、町を見てあるいたり十分たのしんで五月十九日そこをたち、東へ引きかえしているが、長崎以外の九州各地の宿はいずれもお粗末なものであったようである。博多でさえも、宿よからずと書いている。

帰路は中国路をあるいているが、三ヵ所で脇本陣へとまっている。宿としては脇本陣程度のものでないとよい宿はなかったのであろう。そして宿の多くなって来るのは播磨（兵庫）から東である。そこまで来ると一般の旅人の数も多かったものと思われる。

姫路の東の福中町米屋で一泊し、そこから但馬城崎温泉に向っているが、途中に宿屋のあるところとして、福本・粟賀（神崎町）・山口・帯刀・物部（朝来町）・竹田・和田山・土田・高田（南但町）・養父・藪崎（養父町）・網場（八鹿町）・宵田・納屋（日高町）・豊岡などがある。それらの宿もかなりのものであったようだ。そしてこれらの宿は一つには城崎温泉への湯治客往来に多く利用せられたもののようである。

重房は城崎の大家といわれる井筒屋六郎兵衛の家にとまっているが、楼上楼下合して座敷が三〇もあった。そして湯治人の旅籠賃は銀二匁、朝と午後二時頃に茶漬を出し、昼と夕方に本膳を出す。また座敷を借るのみで食物をみずからととのえる木賃もある。座敷代は一廻（一週間）三匁で、米味噌

城崎温泉

薪その他いろいろのものは宿に出入する商人が持って来る。またたき出しというのがある。米を宿にたのんでおくとそれをたき一汁一菜をつけて出してくれる。それで一廻の代が一匁五分だから座敷代三匁と合して四匁五分になる。また温泉も入込湯は湯銭をとらず、幕湯と言って時間をきめているものは一廻六匁。これは一日に三回あって湯女が知らせてくれる。ほかに切幕というのがある。一座敷限り入浴するもので、今日の家族風呂である。一日に二度入り、一廻金一歩である。

　またこの温泉では湯の宿につくと祝儀をおくるきまりになっている。重房は主人の妻に百匹、下女四人と下男二人に百匹、湯女三人に六匁、湯支配菊屋元七に銀一両を与えている。

　この温泉は大酒女色のあそびもなく、湯治には適しているが蚊が多いので困るとある。京・大阪までは駕籠・荷物・人足を引受け、用を便ずる家があってなかなか便利である。駕籠一梃人足二人丹後の名所をまわって大阪まで六日を銀十二匁五分でゆくという。ただし川留の場合は飯料として人足一人一日に二匁出さねばならぬ。しかしなかなか便利な旅行法であり、今日のツーリストビューローとおなじような役割をはたしていたわけである。

城崎から大阪への道で宿のあったところをあげて見ると、丹後（京都）久美浜町・五箇（峰山町）・長岡・大野（大宮町）・弓の木（岩滝町）・宮津・関・河守・蓼原（大江町）・丹波天津・福知山市・兵庫県下竹田・上竹田・岡本・市島（市島町）・小多利・野上野・国領（春日町）・追入・大山・味間・古市（丹南町）・加茂・三田市・道場川原・平田（神戸市）・名塩・生瀬（西宮市）などがある。東海道のように往来の人をひきとめる女たちは出ていなかったが、宿ばかりではなく茶屋もあって旅をするにはたいへん便利であったことが知られる。

さて幕末までの日本の旅宿をごくあらましに見て、東海道筋のように飯盛女をおいて男の袖をひく旅籠の多かったのに対して、西日本にはそういう女の居る宿はほとんどなかったようで、遊女は遊廓に、芸者は茶屋に、そして一般の宿は客をとめることを主にしていたと見られる。つまり京阪を中心にして商人宿的なものが発達し、街道すじには歓楽的なものは少なく、別に脇本陣など、一般通行者をとめるレベルの高い宿が発達しつつあった。そして商人宿的なものは宿銭も安く、それが庶民の旅行を盛んにさせていったと思われる。

明治十一年旧九月三日に、宮城県遠刈田の宿屋の主人大宮保太郎が十九歳の者五人、十七歳の者七人をつれて、伊勢金比羅へまいった「道中日記」によると、全部徒歩により、郷里を出て東京経由、東海道から伊勢への道をたどり、さらに奈良・吉野・高野山・大阪と巡遊し、船で四国へわたって金比羅へ参り、海を北へこえて児島半島の瑜伽山を経て陸路を明石・京都・岐阜・木曾路とたどって善光寺にまいり、新潟・新発田・村上・米沢・山形を経て遠刈田へ旧十一月六日についている。これだけ歩いて全部宿屋泊りで旅費一人当一一円四七銭六厘であった。民間にとまらず、宿屋だけ泊ってあるいても当時この程度の旅費で旅をすることができた。その頃の一日の稼ぎ高が二五銭であったというから、今日一五〇〇〇円の労賃として六〇〇〇〇倍になっているわけであるから、前記の旅費は六万八八五六円になるわけである。それで六〇日余の旅をしたのだから、一日に一〇〇〇円あまりですましたことになる。これは一つは宿銭の安かったことにある。宿銭の高いのは東京馬喰町の苅豆屋で一泊一六銭、京都は一五銭、大阪は一四銭。その他では関東全般が比較的高く一二銭から一四銭までの間。東海道も静岡から西は一一銭というのが多く、関西は一般に一一銭、中仙道は一〇銭になっている。しかし新潟に入ると一一銭または一二銭になる。つまり西日本の方が宿銭は一般に安かったようである。これは人の情にたよったり行楽的なものでない実用的な行商の旅が西日本ではすでにかなり発達していたことを物語るものであろう。

十　文明開化の宿

駅前旅館の発達

慶長五年以来つづけられてきた徳川幕府の政治は慶応三年（一八六七）徳川慶喜の大政奉還によって終止符がうたれた。その終止符のうたれたと同時に、各駅の助郷及び当分助郷の課役をとき、朱印証文以下いっさいの無賃の人馬・渡船を廃し、皆定賃銭をとってよいことにした。特権階級の特権の一つを停止したのである。古い交通制度が街道に沿う村々の住民を苦しめたことは甚しかった。実に多くの弊害をともないつつも徳川幕府の手ではついに処置することができなかった。しかし新政府は真先にそれまで日本の交通を阻害しているあらゆる不利な条件を取除くことにまず手をつけた。そして慶応四年二月に、内国事務局中に諸国水陸運輸および駅逓の職をおくことにし、四月には宿駅役所を京都において諸道駅逓のことをつかさどらしめた。ついで閏四月には会計官中に駅逓司をおき宿駅役所を駅逓役所と改称した。

こうしてたびたびの官制名称の改定はあったが、それは新制度の運営を円滑ならしめるためのものであり、いままで複雑であった宿方と地方の関係が解消するとともに宿は駅と改称せられることになった。そして問屋は伝馬所とかわり、課役は駅家も助郷も差がなく、その高に応じて人馬を出すことにした。そして出役すれば定賃金がもらえることになったのである。

しかし往来が頻繁になって人足の徴用も十分にまかなえないから助郷村を拡大し、村々から出役適格人足数、村高などを報告させて人足徴発にあて、不足経費は村高に応じて徴収することにした。したがって宿場が助郷に対して特権をふるうこともなく、旧助郷村の重い課役負担も著しく減少した。

だが課役の範囲がひろがったために、たとえば大阪の淀川べりにある守口宿の課役に大阪平野南部の和泉の国の農民たちが引き出されるようなこともおこってきたのである。そこで新しい助郷は協力しない態度を示した。この問題を解消するには賃金の引あげをしなければならぬ。その賃金は時価による相対賃銭ということになる。だいたい江戸時代末の一〇倍に上って来るのである。すると駄賃稼ぎによっても生活はたてられることになる。

いっぽう交通量がふえるにつれて道路幅を拡張し、山坂を削り、車道が開通せられることになる。大名の参覲交代の旅はなくなった。街道を往来する者は藩の所用のために城下と江戸をつなぐ旅人よりも商用のための旅人の方がはるかに多くなったのである。仲買人・行商者の群がそれであって、宿屋に飯盛女をおく事が禁止せられるとともに宿そのものも大きく変化せざるを得なくなり、行商人も仲買人も年々定期的に旅行するために定宿が発達して来る。そして荷物を定宿へ直送しておいて、宿を中心にして行商するのである。

兵庫県加東郡地方は幕末頃から釣針の産地となり、それは行商によって売り捌かれることになるが、行商者たちは前記のような方法で行商すべき先々の宿へ釣針を送っておき、宿を中心にしてその付近を売りあるきつつしだいに遠くまで道をのばしている。そして一人で愛知県豊橋から静岡・神奈川・

千葉・東京・埼玉・群馬にわたって毎年行商をこころみている例があった。

そうした宿が鉄道発達にともなって駅前に集って来るようになる。駅前旅館には商人宿の看板をあげたものが多かったし、宿泊人名簿を見ても、今でも行商者・外交員が大半をしめている。

駅前旅館の特色は宿泊費の安いことと簡単に利用できることで、昔の平旅籠の伝統をそのままうけついでいた。それは旅館の名称にもうかがわれるところで、駅前旅館の古くからのものは○○屋となっているものがもっとも多い。しかし観光地の旅館は、館・荘・楼・閣・軒などのつくものが多く、屋のつくのは全体の二割に達していない。

駅前旅館（松本駅前）

こうしたことからも古い平旅籠が駅前旅館に転身していったことがわかるのである。私はいくつかの駅前旅館の宿泊人名簿をしらべたことがある。行商人・外交員・農民・下級官公吏・学生が主な宿泊者であり、行商者の出身地によって、その地の商業圏のだいたいを知ることができる。

西日本で戦前の遠方からの行商者といえば薬売と反物売が多く、薬売は富山と奈良が群をぬいていた。反物は愛媛県が多かった。しかし最近では電気機具・農機具販売の外交員が目立って多い。それと学生の宿泊が目立ちはじめている。

なお、そこが駅前旅館でなく、港や田舎町の安宿である場合、学生の宿泊がふえて来ると間もなく観光客のふえてくることを知った。天草、瀬戸内海の島々で、宿帳をくって見て大学生の投宿が目についたことがあり、それから二、三年たってもう一度同じ宿を訪れたとき、観光客の宿泊がずっとふえている実例を見た。

観光地の開拓には今日では学生が大きな役割を果していることがわかる。

団体旅行

がんらい旅は自由なものである。いろいろの束縛から解放せられる。だから旅は一人たのしむものである場合が多いのだが、日本では民衆の間には商用公用以外には一人で旅することはあまりおこなわれなかった。旅が極度に制限せられていたからである。そうした中にあって社寺への参拝だけは比較的制限がゆるやかであった。藩や幕府もこれを阻止することはむずかしかったのであろう。

社寺参拝の旅は多くは講を組み、講仲間で代参者をたてたり、また団体参拝をすることが少なかったのである。

社寺には何年目かに一度特別の大祭のおこなわれることがあった。造営が完成するとか祖師の遠忌があるとか言うような場合がある。するとその盛儀にあおうとして信者たちが出かけていく。その場合は信者がとくに大きな団体を組んでいく。高野山・本願時などはとくに遠忌なるものが多い。それが汽車が開通してからは汽車を利用しての団体参拝が多く見られるようになった。

これにはさらに古い歴史がある。香川県金比羅様・愛媛県大山祇神社・広島県厳島神社などは船を利用して早くから団体参拝をしており、厳島の場合は鎌倉時代頃すでに、伊予（愛媛）地方から多くの団体参拝者が船でやって来ているのである。そうした団体参拝が陸上にも盛んになっていくのであろうが、団体参拝には事情のよくわかっている者が先達としてついていくのが普通であった。高野山や本願時などは末寺の坊さんがそれにあたった。そうした旅ならば人は安心しておこなうことができた。しかも団体参拝者たちは温順であった。都会の人にはお上りさんと軽蔑されたが、多少の失敗はあっても周囲に仲間が居るので消え入るような思いはしなくてすんだ。こうして団体参拝がまず村人を村から外へ出させたのである。京都や奈良にはこの団体参拝をとめる宿も発達していた。伊勢の二見の宿などもそれである。

二見の旅館街

　こうした団体参拝が、小中学校をはじめ、高校、時には大学を含めた修学旅行をよびおこす。修学旅行がいつ頃始められたものであるかは明かでないが、初めは遠足とよばれて、歩いて一日旅行をする程度であったと思われる。しかし、明治末頃には汽車汽船を利用して宿泊旅行が試みられるようになっていた。それには田舎の者が都会を見るとか、または古蹟名勝を訪れるとか、大阪から西の中等学校以上では大正時代以来朝鮮満州への修学旅行が盛んにおこなわれている。

　修学旅行が団体参拝とおなじように考えられていたことは、鹿児島県などで修学旅行をおこなう場合、出発のときは出立ちと言って父兄たちが村境まで送ってゆき、帰るときには坂迎えと言ってまた村境まで迎えにゆき、神社に参拝した後に解散したといわれる。それはもともと団体参拝にともなう必然的な習慣だったのである。

関西地方の修学旅行も伊勢への団体参拝が小中学生に移行したものではないかと思われる。戦前までの近畿地方の小学六年生の修学旅行はほとんどと言っていいほど伊勢神宮へ参ることであった。そして二見の宿に一泊して来たのである。このような伝統は今もまだ消え去ってはいない。

そうした団体参拝的なものが見学的なものに変って来たのについてもまた理由があったと見られる。明治に入っての文化政策の一つに博覧会や展覧会の開催がある。それらには見るべき内容と規模をもったものが少なくなかった。その一つに、明治十年に東京で内国勧業博覧会がひらかれた。これはその後だいたい五年おきにひらかれたようで、第五回の勧業博覧会は大阪で開かれたが、その当時の建物が、昭和二十年の戦災のときまで市立博物館、科学館、天王寺公会堂、映画館などとして使用せられ、新世界とよばれる一区画の建物はほとんど当時の会場だったのである。

また堺水族館もそのときに開かれたものであった。今日このように大規模な博覧会はほとんど開かれることがない。規模が大きいだけでなく、内容の充実していることから観覧者が各地から集って来た。それらもまた団体でやって来たもので、大人ばかりでなく子供たちの見学者も多かった。そして遠方から来たものはいずれも旅館などに泊って観覧したのであった。

こうして公用、商用、私用などによらない旅、参拝とか観光とかの旅は日本では団体でおこなわれることがきわめて一般の現象になり、またそうした団体客が一堂に宿泊できたり、食事のできる戸障子の取りはずしがきき、大広間にできる間取を持った旅館が、明治末期から伊勢・奈良・京都などに発達して来る。そしてそれが塩釜・日光・鎌倉などの観光地にもひろがって来る。しかもこのような団体旅行の慣習は戦後の観光旅行にもそのままひきつがれて来るのである。

ホテルと旅館

嘉永六年（一八五三）六月ペルリの浦賀来航は、久しく海外との往来をたち、国内に小さくとじこもっていた幕府および国民全体に海外へ向って眼をひらかせる契機になった。

と同時に海外の文物制度が滔々として国内に流入することになる。

欧米人の生活様式にはいろいろの相違があった。彼は椅子に腰をかけ、これは座敷にすわる。彼は牛肉を食いこれは食わない。彼は服を着、これは着物を着る。彼は散髪であり、これは丁髷を結う。

これらのものは一見まったく異質であり、相容れないもののように思われたが、海外と交渉を持つためにはその文化を取入れなければならぬ。

まず最初に設けなければならぬのは外人のための宿であった。慶応三年（一八六七）の「居留地規則」第五条に

「日本政府は別紙絵図面に、黒色で彩色した『は』と印した場所に外国人旅宿に相応な旅籠屋を取建てるため、すでにその筋の者に命じて、外国作事方の描いた図面によって、工事をはじめたから来る十二月七日までに落成するであろう。もっとも旅籠屋は日本人が取扱う」

とあるが、その年の九月、東京築地船板町御軍艦操練所のあとへ建築した。そしてその翌年夏にだい

築地ホテル館（東京三十六景より）

たい装飾・設備を完成した。本館は三階建で塔屋がついていた。そして建坪延一六一九・七坪であったから、当時としてはなかなか大きな建物であり、高さも塔の先端は九四尺あった。

内部は主として白漆喰を用い、室内には壁張紙をした部分があり、各所に暖炉をそなえ、その前飾は黒漆喰として蒔絵をほどこし、窓には簡単な緞帳をかけ、木部はペンキ塗りにした。

この土地は今の中央区築地小田原町一丁目で、もとは紀州家の土地であった。この工事が始まって間もない慶応三年（一八六七）十月には徳川幕府は大政を奉還し、翌年四月には官軍が江戸に入城している。そのため一時は所管が不明になり、金主も手をひいたので、建築にあたっていた清水組が新政府の命で経営にあたった。宿泊定員は一〇〇人で、宿泊料は食事がついて三ドルであった。日本の金にして九分であった。

人びとはこれを築地ホテル館といって新東京の評判になり、東京三十六景の中に加えられて錦絵にもなった。

ところが明治五年二月二十六日和田倉門内の兵部省添屋敷から出火した大火のあおりをうけこのホテル館も延焼してしまい、ほんとに利用せられた間はほんのわずかにすぎなかった。

このホテルのほかに文久三年（一八六三）に横浜海岸通りに横浜クラブがイギリス人スミスによっ

明治11年創立当時の箱根フジヤホテル

て建てられている。このクラブは明治二年クラブホテルと改称している。

築地ホテル館についで東京で建築せられたのは、明治四年の築地精養軒ホテルである。このホテルも明治五年に焼失したが、翌年すぐ再建され、明治三十九年まで営業をつづけ、多くの人にその名を知られた。そして明治四十二年に再建されて大正十二年の震災までつづく。

精養軒は明治十年に上野に支店をつくり、上野精養軒と名付け、大正八年までホテル業をつづけ、今洋食店になっている。

明治十一年には箱根宮の下に藤屋ホテルができた。さらに明治二十三年には麴町内山町に帝国ホテルができ、後大正十一年に日比谷へ移る。大正四年には東京駅楼上に東京ステーションホテルができた。

このほかにも各地にホテルと名のつくものが次々に建てられているが、ホテルは洋式の宿泊設備をもつものであった。

しかしホテル式の宿泊施設は容易に流行化はしなかった。ベッドに寝、食堂で一緒に食事する風習にはなかなかなじめなかったし、食事も洋食をということになるといよいよ親しみのないものであったから、外人以外で利用する者が少なかったのである。

しかしホテルの建築が日本の旧来の旅館に影響を与えないわけではなかった。外人の来訪する観光地の旅館には必然的に洋室の設備をするものがあり、また一般旅館でも襖によって仕切をしていたものを壁で仕切る方法を取り入れる。

と同時に封建制度が崩壊し、古い秩序がくずれるとともに新しい官僚制度が発達すると本陣とは違った旅宿の要求がおこって来る。本陣のように多くの家来をつれてとまるのではなく、といって普通の旅籠よりはレベルの高いものが要求せられたのである。それが旅館であった。

旅館が旅籠とちがうところは部屋と部屋の間が壁で仕切られ、部屋には床の間がついていることであった。もとより、そういう部屋は江戸期にも本陣の影響をうけて漸次発達を見つつあったが、明治に入って一般化して来るのである。そしてそのような旅館は多く官庁などの御用旅館または指定旅館の形式をとる。太平洋戦争以前までは○○御用達という看板をかかげた旅館の数は少なくなかった。そしてそれがその宿の権威になっていたのである。中でも県庁・師団・連隊・鉄道省などの御用達をつとめているものが多かった。そしてそれは江戸時代の宿屋組合の崩壊にともなって生れた現象であったが、普通の旅人が宿の善悪を判定するためにはそれを客観的に表示する何かが必要だったのである。

しかしそれが明治に入っては自治的な横の連絡をとった組織にはならず、大きい権力に結びついて権威を維持することになる。そしてそれが戦前までつづくのである。旅館の多少とも自治的な組織ができて来るのは昭和に入ってからであった。

観光事業と観光旅館

明治以降旅館組合が幕末の頃のように組織化せられはじめるのは、昭和四年に発足した日本温泉協会であると思う。温泉知識の普及、温泉地の保護改善、発展利用の適正をはかり国民の保健増進と観光資源としての活用に寄与する目的をもって温泉旅館経営者によって設立され、昭和三十九年現在一七〇〇の旅館が参加している。

そのほか戦前に存在したものでは昭和十七年に日本交通公社が国鉄を背景に発足し、協定旅館を指定し、旅行者のためには大きな貢献をしている。

この公社の発足のまえ、昭和十六年三月に日本ホテル協会が組織せられている。業者相互の連絡協調をはかるためのものであり、同時にホテルの施設、外客接遇を改善し、国際観光事業に貢献しようとするものであった。現在この協会に参加しているものは一三六である。そしてこれらのホテルは京浜湘南、京阪神奈良、富士伊豆箱根に集中しているが、最近では東京、大阪などに二〇〇室以上の大ホテルが盛んに建設せられはじめている。これらは日本人も利用するけれども外人の利用が多く、したがって外人の来訪がきわめて多くなって来たことを意味する。

しかも外人は右のようなホテルばかり利用するのでなく、一般旅館の利用も戦後には目立ってふえて来たので、外人向の設備をもつ旅館の登録をおこない、それら旅館は昭和二十八年三月国際観光旅館連盟を組織した。昭和三十八年十月現在一〇三九に達し、その分布は伊豆箱根、京阪神奈良、瀬戸内海、別府阿蘇長崎に集中傾向を見せている。がその分布は漸次全国的になりつつあるといっていい。

さらに一般観光旅館によって組織せられたのが日本観光旅館連盟であり、昭和二十八年三月に出発し、三十九年二月現在会員数六二九七をかぞえる。

昭和三十年九月に発足した近畿日本ツーリスト協定旅館連盟も現在では会員三〇〇〇を数えるまでになっており、最近は日本通運協定旅館連盟も生れた。

こうした旅館業者の連合組織のすすむにつれ、旅館の設備が完備し、また横の連絡がとれ、旅行の安全と便益が大きくはかられることになって来たのであるが、それと同時に旅行斡旋業者の活動の目ざましくなったことを見のがしてはならない。

日本修学旅行協会（昭和二十七）、日本ユースホステル協会（昭和三十一）、国民休暇村協会（昭和三十六）、全国旅行業団体連合会（昭和三十一）、国際旅行業者協会（昭和三十四）をはじめ、日本交通公社、近畿日本ツーリスト会社なども皆旅行斡旋にもっとも大きく力をそそいでおり、それらにあおられての旅行が目立って多くなっていると言っていい。

しかもこれら旅行のほとんどは観光を目的とする旅行であって、かつての社寺参拝旅行にとってかわったものである。

これらのことはその団体の発足がほとんど戦後であることによってわかるごとく、まったく戦後に見られる旅行の著しい変化であった。この変化が旅籠的な宿を旅館——すなわち一室一室が床の間を持つ宿にかえたとも言えるのである。（最近ではまた床の間が姿を消しはじめているが）

このような観光旅行を促進させたのは何よりも個人所得の増大して来たことであろう。観光旅行のできるほどの生活のゆとりのできたことである。

次には交通網の整備と交通機関の発達が大きい。どこへでも車の通る道が通じた。とくに景色がよければどのように道路をつけにくいところへも道をつけた。スカイラインなどというものもその所産である。そしてバスだけでも昭和三十七年に一〇〇〇万人の観光客を運んだという。

そうした観光客を受入れるために旅館の発達が見られたのである。しかもこれらの旅館がとくに温泉に集中しているということに日本の観光旅館の特色があると言っていい。そこにはかつての街道に沿うた宿場の旅籠を数倍数十倍化した現象が見られる。

いま交通公社発行の列車時刻表の巻末に付せられている協定旅館が一ヵ所で一五以上のところをあげて見ると次のようになる。

北海道
　札幌　定山渓　洞爺湖　湯ノ川
東北
　浅虫　蔵王　上ノ山　湯之浜　仙台　飯坂　東山
関東
　那須　塩原　日光　鬼怒川　伊香保　草津　東京　箱根湯本　強羅　湯河原
中部
　熱海　伊東　熱川　下田　長岡　修善寺　名古屋　岐阜　下呂　河口湖　甲府　戸倉　上諏訪　新潟　金沢　片山津

熱海

別府

山中　芦原

近畿

二見　鳥羽　京都　大阪　奈良　白浜　勝浦　宝塚　有馬

洲本　城崎

中国

皆生　玉造　岡山　広島　湯田

四国

高松　琴平　高知　道後

九州

福岡　嬉野　長崎　雲仙　小浜　佐世保　杖立　熊本　鹿児島　別府　天ヶ瀬　宮崎

すなわち七一ヵ所をかぞえるが、そのうち温泉が四五をしめる。一般都市でかなりの程度の旅館が一五以上あるというのは二〇にすぎない。

このように見て来ると観光旅館なるものも温泉地に偏在していることが知られる。しかもこのような現象も戦後にとくに著しい現象といっていい。戦後国民の大多数の観光旅行の夢は温泉へいって一風呂あびることにあったのだが、それはそのまえに長い歴史を持つ温泉湯治の慣習のあったことを忘れてはならない。そして湯治というものがどんなにたのしいものであり、心をなごやかにさせてくれるものであったかということの記憶が、戦後この風潮をまきおこしたのであろうが、古い湯治場のよさはもっと手軽に安直でしかも気楽に湯がたのしめたことであり、その故に長逗留が可能だったことである。今の観光温泉では長逗留がゆるされなくなっていることに多くの問題がある。

下宿と寄宿舎

明治になると人の動きが目立って多くなった。とくに東京には多くの学校がつくられ、これに学ぶ者が地方から出て来た。この学生たちは一般の旅人とちがって学業を卒えるまで長期の滞在を必要とする。そういう人たちのために生れたのが下宿である。明治三十二年に刊行せられた「東京風俗志」によると、当時東京にあった旅人宿の数は六二四軒であったが、下宿屋の方は八七五軒にのぼっていた。

また警視庁のしらべによると、次のような数字もある。

	下宿数	下宿・男	下宿・女	寄宿舎・男	寄宿舎・女
明治二十八年	一五八一	一〇六一九	四〇一	四四六二	一二三二
明治三十年	?	一三二六三	三七〇	四六〇一	九九四
明治三十五年	一八五〇	一四八六六	四八七	八一五四	三一七六
明治四十年	二三六三	一五九六六	六三一	七八三六	四七一四

下宿の数では「東京風俗志」と大きなひらきがある。だいたい一下宿あたり七人位になっているから、あるいは素人下宿に近いものも、この中に含まれていることが想像できる。そして「東京風俗志」

の八七五軒というのはあるいは下宿を専業にしていたものの数かもわからない。またこの数字を見ると下宿住いは男がほとんどで、女を下宿させてまで勉強させるものは少なかったことがわかる。

ところが寄宿舎の方は女で寄宿しているものが少なくない。それも明治二十八年には男の四分の一あまりであったのが四十年には男の半分以上にふえている。寄宿舎なら親も安心してあずけることができたものと思われる。したがって寄宿舎制度の発達が女の子を東京へ遊学させる大事な挺子になっていることが推察される。それもとくに明治三十五年頃からのことであった。あるいはこの女子の寄宿舎住いは紡績工場の寄宿舎住いのものも含まれているかもしれない。がいずれにしても下宿や寄宿舎制度の発達が地方の青年を東京へ遊学せしめるに便ならしめ、地方青年の上京がまた下宿屋や寄宿舎を発達させた。下宿屋の歴史は新しいものであったが、その普及は目ざましかった。そして東京ばかりでなく、大学専門学校のある町にはこれが見られた。東京の下宿屋は初め本郷と神田に密集し、牛込・小石川にも見られた。その中で立派なのは本郷とせられた。その後学校を出た者たちもまた下宿住いをするものが多く、会社員などを主にしたものが下町へもひろがってゆく。小石川には砲兵工廠があったので職工の下宿が多かった。

下宿（本郷にて）

下宿はその初めは素人の家の空室を借りて同居したのが起りであったと見られる。それが下宿を営業とするようになるのであるが、もともと学生の便宜をはかることから出発したので下宿料は安く、したがってたいしたもうけにはならず、たいていは家計のたしにする程度のもので、下宿屋だけで生活しようとすれば容易でなかった。そこでこれを専業とするものはたいてい金主がついており、下宿をたてたものを経営者が月いくらで借りて営業するものが多かった。

家は金主に建ててもらうが、膳椀の類は自分で整える。これが自分の財産になる。さて宿の者が親切にすれば学生は長く居付く。下宿代は明治末頃で、一ヵ月一〇円から三〇円までの間であり、古くは三食付きであった。しかし規定以外の消費があれば、それは金をもらうことにする。また学生に金の足らぬようなときには貸しつけて利子をとることもあり、普通の旅宿とは違って、学生の面倒をいろいろ見てやり、それが一々わずかずつ金に換算される仕組になっていて、それで経営が成り立つのである。

寄宿舎（武蔵野市にて）

しかし下宿の中でもひどいものが多かった。親から送金もなくて勉強しているようなものは自炊したり、または三円か四円で下宿したのである。そういう下宿は部屋の広さも三畳程度、食事も飯は面桶に一杯、それも南京米が普通で、目ざしに沢庵のおかず、茶はなく白湯が出される程度であった。そういう下宿は学校街にもあったが工場街などに少なからず見られた。

下宿はこれを専業にいとなむものばかりでない、むしろ素人の家に一人二人同居するものの方がはるかに多かった。知人縁故をたよって同居させてもらうものもいた。中にはただ間を貸すのみのものもいた。

しかし下宿住いでは監督が行き届かず、落伍者を出すおそれもあるからとて、地方の旧藩主たちは、子弟のために寮や塾をつくることもある。学生寮の最初は渋沢栄一が埼玉県出身の学生たちのために作った埼玉学生誘掖会の寮であるという。そしてその後各県の学生寮が東京につくられていく。多くて一〇〇人程度を収容するものであり、作られた当時はそれで事足りたのであるが、今日ではえらばれた少数がここに宿泊しているにすぎない。しかしその中には宮崎県、愛媛県、岩手県、富山県、和歌山県、福井県、愛知県などすばらしい建物をもっている。

学校の寄宿舎は学校に付属しており、教育する子弟のためにあったもので、中には第一高等学校のように全寮制のところもあり、それが一つの校風をつくるのに大きな役割をはたしているが、紡績女工や製糸女工のためにもうけた寄宿舎はひどいものであった。横山源三郎の「日本の下層社会」によると紡績工場では女工はすべて寄宿舎に宿泊させ男には寄宿舎の制度はなかったという。寄宿舎の中は十二畳、十五畳の部屋に大ぜいの女工を入れ、定員に応じて押入をもうけ、錠前をつけ、鍵は室長が保管し着物などを押入へしまわせておいた。しかも工場は昼夜操業で夜勤の者は昼眠り、昼勤の者は夜眠る。洗濯は夜勤のとき昼があいているからおこなうことになっているが、疲れのはなはだしいためになかなかそれをするだけの元気がなかった。

細井和喜蔵は「女工哀史」で「女工寄宿舎――それは一言にして豚小舎で尽きる」と言っている。時勢の進歩で、面目を一新したものもあるが周囲には高い煉瓦塀をめぐらし、時には濠をほって逃亡を防ぎ、中は合宿式で琉球畳を敷き、一畳に一人位の割合で合宿させていた。布団は工場から支給されているものが多かったが、昼勤と夜勤の関係で、たいてい敷き放しで、一人がおきて出てゆけば、次のが戻ってそこへもぐり込むというようなものであった。

米は南京おかずはあらめ
何で糸目が出るものか

という歌があるが、食事は粗末なものでありつつ、しかも十二時間をこえる労働が強いられた。そして寄宿舎に入ればめったに外へは出してもらえなかったのである。

籠の鳥より監獄よりも寄宿ずまいはなおつらい

というような生活が終戦前までは方々に見られていたのである。その上寄宿舎では病気の伝染する機会も多かった。とくに肺結核におかされるものが多かった。紡績工場の寄宿生活をしたものの半分近くまでは結核におかされた時代があった。当時結核は不治の病とされていた。その結核のために倒れる者のとくに多かったのは昭和初期であった。

学生寮

そしてしかもそうした悲惨な生活からぬけ出すためには日本自身の反省と改革によったのではなく、敗戦によってアメリカの指令を待たねばならなかったということは何としてもなさけないことであった。

貧民街の宿

それにしても女工寄宿舎はいちおう非人道的なものからぬけ出すことができたが、今もってぬけ出すことのできない宿は貧民の木賃宿である。

もともと日本の宿は木賃宿から発達したものであったことはさきにのべたところである。では宿の発達につれてそうした下級の宿は解消してしまったかというに、決して解消しなかったのである。今日でも古い温泉にはそれが多数にのこっており、いっぽうまた都会の貧民街に典型的にのこっていった。「日本の下層社会」によると貧民街には申しあわせたように木賃宿があった。そして明治三十二年現在で

	木賃宿	一ヵ月宿泊人員
芝	三	二一三
赤阪	三	三二二
四ッ谷	一六	三三九七
本郷	三	二六七
浅草	三一	三四五六

本所　七八　五七六八
深川　一一　五三二
計　一四五　一二九七四

という数字が見えている。一日に四三二人が木賃宿へとまっている。しかし実質上はもっと多いものであった。

さらにまた明治二十年代には神田三河町、新銀町にも軒をならべて「安宿」の行灯をあげていた。それを時の内務大臣品川弥二郎がある場所を定めて木賃宿をおかせることにし、市中に散在した木賃宿と、そこに泊っているものを場末に追放した。その指定地区は

芝区—白金猿町　浅草区—浅草町
赤坂区—青山五丁目　本所区—花町、小梅業平町
本郷区—駒込富士前　深川区—富川町、西霊岸町
下谷区—初音町

であった。そしてとくに浅草区浅草町と本所花町に木賃宿が密集した。そこに泊るものは日稼人足がもっとも多く、人力車夫、車力ひき、立ちん坊、縁日商人、わたり商人、祭文語り、辻三味線、千ヶ寺僧、六部、巡礼などであった。

ここでは宿銭を屋根代といい、安いところで五銭、中等七銭、上等一〇銭であった。そして金を得ればこうした宿にとまって酒をのみ賭博にふけった。

こうした宿のあつまっているところをドヤ街と言った。ドヤはヤドをさかさにした言葉で、宿の隠

簡易旅館（荒川区）

語である。しかもこの木賃宿は一泊客でなくて、三年も四年もとまっている者のあるのが特色である。このようなドヤ街は京都にも大阪にも神戸にもあった。大阪では早く簡易宿泊所や職業紹介所をもうけ、そうした貧民の職業補導をしたけれども貧民街を解消することはできない。そこが落伍者の吹きだまりになっているからである。

長い人生の中で次々におこって来る不幸をはらいのけることができず、しだいに生きる積極性を失ったものが、転落して来るもの、田舎で貧しい生活に追われてそこに住むことができなくなって田舎をすてて出て来る者のおちつくのは貧民街であった。どこよりも安くとまれる宿があり、豆腐の半丁買いもできる。とにかくそこでは最低の生活がいとなまれるようにできている。その気安さが貧しいものをそこに住まわせたのである。

しかもなおそうした貧しい者からしぼりとる者たちがいる。インチキ賭博をしたり、仕事を世話すると言って労賃のピンはねをしたり、貧しいものがいったんその世界におちこむと容易にぬけ出せなくなってしまうようにできている。

木賃宿は庶民のための心おきない宿であり、貧しい者もこの宿あるが故に旅ができたのである。それが今ではすっかり様相をかえて、都会の貧民街に密集することになった。

しかしこうした貧民街と木賃宿（簡易宿）は早急に解消するようにしなければならない。ただなくするのでなく、そういう社会を解消するための政策が必要なのである。

一方には人生の行き場のない者のこうした宿がいまも多くのこっており、一方デラックスな観光旅館が観光地の風景をこわしていく。このアンバランスなものは決して民衆全体ののぞむ正しい宿のあり方をしめしているものではない。それに対する批判はすでに旅行のあり方の上にあらわれつつある。

今後の宿

明治以後の旅館の変遷についての記述はきわめて簡単なものになったけれども、これについては別の機会にでも筆をあらためて書いてみたい。

が、旅行が大きくかわったのは戦後であったと言っていい。旅行者の数が目ざましくふえた。それは団体参拝旅行から団体観光旅行への発展であり、生活の安定と交通機関の整備のためにおどろくほど多くの旅行者が動くにいたったが、それも多くは温泉への旅であった。そして温泉地には目を見張るような大きな旅館が次々に建設せられた。その筆頭は熱海であり、箱根であり、水上であり、鬼怒川であった。また西日本では白浜・別府・雲仙などが人目をうばった。都会には東京・大阪などを除いて、そのような豪華な旅館を持つものは少ない。そしてそのような旅館は温泉地以外にもしだいに建設せられるようになって来た。

しかし、今日のこのような旅館——とくに観光旅館のあり方が正しいものとは思えない。コンクリートの巨大な旅館が各地にでき調度で人をおどろかすようになったのは主として戦後のことであった。しかもその設備調度に投資したものは宿泊費によって回収しようとするのであるからいきおい宿泊費の高騰をよびおこす。いま五〇〇〇円の宿泊費は決して最高ではない。しかし戦前五円の宿は地方の場合には最高のものであった。とにかく他の物価が戦前の五〇〇倍と見られているのに対して宿泊費は一〇〇〇倍になっていると推定せられるのである。しかも一般旅行者の大半が宿泊費一五〇〇円位を希望している。

戦前は宿の人も親切であった。主人や主婦にきけばその土地の様子も一通りはわかったものである。しかしいまそのようなことについての応待のできる主人はほとんど客のところへ顔を出さない。女中も教養のあるうけこたえのできる者はほとんどいない。

第一家族連れでとまれるような宿がしだいに姿を消してゆく。まるで落着きがなくなってしまっている。

しかし、戦後二〇年経た現在旅はしだいに健全な方向への歩みをはじめている。まず公務員組織はいたるところに公務員宿舎を持った。そこへ行けば宿泊費も安くてすむし、過剰サービスもない。おちついた宿泊もできる。

また大きな会社はそれぞれの景勝地に寮を持ちはじめた。神戸の六甲山頂や、富士東麓の山中湖畔にはそうした建物が無数にある。そしてそのような宿泊設備が急速にのびつつあるのが最近の著しい現象である。

今一つは学生の旅行が目ざましくのびつつあることである。多くはリュックサックを背負っての旅である。北海道へだけでも一〇〇万をこえる渡島者があるという。その他僻地のいたる所を探勝している。下北半島・北上山中・男鹿半島・会津山中・信濃遠江山中・能登半島・吉野山中・隠岐・九州西辺の島々・九州山脈の村々などを訪れるものの数は夥しい。それらは皆安宿にとまる。最近駅前旅館にこれら学生のとまるのが目立って多くなっている。

これらの若者たちが今後学校を出て社会人となったとき、はたしてバスによる団体旅行を喜んだり、豪華な宿にとまり歩いたりするのであろうか。宿の面白さは豪華な宿ではなく気楽な宿である。それが長く印象にのこる。

次に学生の旅行には今一つ新しい傾向が見られる。山へのぼったり風景を見てあるくだけでなく、仲間によって撮影旅行をしたり、また地方の慰問旅行、調査旅行をするものが多くなって来たことである。それらは村の中に入りこんで、一つの土地に十日も二十日も滞在し、村人と生活を共にし、村人を理解し村人と共通の世界を持とうとするものである。離島への旅行者にはとくにそういう者が多い。

しかも、学生たちは観光の開拓者でもあった。宿帳を見て学生の宿泊するものがふえて来ると、二、三年後、きっと一般観光客がふえて来る。私の見た範囲の田舎の宿帳ではほとんど例外がない。

この観光の開拓者である若者たちが成年になって後の旅行には必ず学生時代の旅行のしかたがのこっていくであろうと思う。

今日の観光地団体旅行者は戦前ほとんど個人旅行の経験を持たず、一人での旅は心細く先達を必要とする人びとである。だがこの仲間は年齢的にもだんだん老齢化していく。そして新しい旅行方法を身につけた人たちがしだいにこれにかわっていくことが予想せられる。

その上自家用車の急増が自動車による家族旅行を促進するであろう。するとそうした宿泊者を迎える設備も必要になってくる。

それにもまして一泊客ではなく、家族づれの場合は滞在客が多くならざるを得なくなる。そうした人たちはとくに落着いた雰囲気が必要になって来る。と同時に、そういう人たちはそこに滞在しつつ、周囲の古蹟や名勝などをできるだけ見てあるき、おちついた雰囲気をたのしむようになるであろう。

これからの宿はそうした旅客たちのより高次な欲望をも満たすものでなければならなくなるであろう。

あとがき

近畿日本ツーリストの協定旅館連盟の三輪さんが、日本常民文化研究所へ見えたのは昭和三十九年十一月二十七日で、研究所が三田から麻布富士見町へ引越した日であった。三輪さんは「連盟ができて来年は十周年になるので、その記念事業として旅館の歴史を刊行したいが執筆してくれないだろうか」と言われる。宿の歴史は早くから書いて見たいと思っていたのだから、大いに意が動いたが、連盟参加の旅館の提灯持ちならば御免こうむりたいと言うと思うままに書いていただいていい。それには連盟の会長の大野さんにも逢ってくれとの話。まずそれからのことにしようと、十二月二日日枝神社の近くの料亭で大野藤之助氏にお目にかかった。熱海の大野屋の主人である。お話しているうちに、まったく意気投合したと言っていいのであろうか、とにかく一生けんめいに書いてみる気になった。

日本には私の管見したところではまだ旅宿の歴史のまとまったものはない。完全なものはできないにしてもいちおうまとめておけば、それからは増補も改訂もできる。それはまだいろいろ見てあるきたいこともあるし、資料もあつめねばならぬ。そういうことの打合せもして、一月になってから実地調査にもあるくことにした。五月の末には書きあげてしまわねばならぬので十分の調査はできないにしても、とにかくいろいろ見てあるきたいと思って行動を開始した。そして北は青森下北半島から南は佐賀あたりまでの間の温泉宿・宿坊・旧問屋宿・宿場・本陣・御用宿・駅前旅館・古いホテル・下宿屋など見てあるいて一通りの概念をつくることができた。それにはまたいろいろの方々のお世話になった。とくに白石市の菅野新一、新発田市の山口成一、群馬県草津町の若林栄一、奈良県天川村の銭谷修、広島大学福山分校の村上正名、中国新聞の山本二郎、林業金融調査会の田村善次郎の諸氏の御厚情には感謝にたえないものがある。また三輪豊太郎氏にはいろいろ面倒を見ていただき、近畿日本ツーリスト会社の池上幸明氏にもずいぶんお世話になった。

それから参考にした書物も五〇冊あまりにのぼったが、できるだけ文中に書名をあげるようにしておいた。

とにかくこの書物を書いたことは私にとってたいへんよい勉強になった。そういう機会を与えて下さった近畿日本ツーリスト株式会社と協定旅館連盟に感謝したい。

なお明治以後の旅館の発達史のようなものは別の機会にでも書いてみたいと思う。

昭和四十年六月十六日

宮本常一

解説

田村善次郎

はじめに書誌的な事柄について若干触れておきたい。

『日本の宿』は昭和四〇年八月三〇日、教養文庫の一冊として社会思想社から発行された。これが一般には流布していると思うが、もう一つ別のものがある。別といっても内容も発行所、発行年月日も同じだし、判型も装丁も同じだが、題名を『にっぽんのやど』と仮名書にかえ、近畿日本ツーリスト株式会社と近畿日本ツーリスト協定旅館連盟が編纂者として連名で記されている点が異なるだけのものである。これは近畿日本ツーリストとその協定旅館の関係者にだけ配布されたもので、部数に限定があって多くの人に知られてはいないと思うが、実はこちらの方が本体だといって良いものだろう。それは本書が近畿日本ツーリストとその協定旅館連盟の創立十周年記念事業の一つとして企画され、出版されたものだからである。

『日本の宿』執筆の経緯については『あとがき』に著者が詳しく書かれているので、これ以上蛇足を加えることはしないが、本書が契機となって、宮本先生は当時、近畿日本ツーリストの副社長であった馬場勇氏の知遇を得ることになり、氏の支援と同社の理解を得て、近畿日本ツーリスト社内に先生を所長とする日本観光文化研究所が創設されたのである。そして二年おいた昭和四三年からではあるが、ツーリストと協定旅館連盟の援助を受け、毎年一冊ずつ先生の編著という形で研究成果を発表することになった。私たちはこれを「旅の歴史研究シリーズ」などと仮に呼んでいた。

それが昭和六二〜六三年に刊行された「旅の民俗と歴史」（全十巻）の前身になるのである。ちなみに当時、復刊の労をとっていただいた八坂安守さんは『日本の宿』以下全冊にわたって編集を担当して下さった因縁浅からぬ方である。このシリーズにいささかの関わりを持った者の一人として八坂さんの労に感謝の意を捧げさせていただきたい。

さて、所長としての宮本先生は、先生を信奉して集った多くの若い人たちに積極的に語りかけ教育すると同時に、それらの人びとと共に新しい「旅」の研究、創造に取り組まれることになった。

昭和三〇年代までの宮本先生はいわゆる観光開発にはきわめて否定的であった。経済的に自立度の低い地方が観光資本や心ない観光客に荒らされるだけであると危惧しておられたのである。しかし、三〇年代の後半からの高度経済成長期を迎え、急増する観光開発や観光人口のありようを直視する中で先生の考えも変っていった。地方がこれに対抗するには、地方自体が生産基盤を拡充し、文化的・経済的に自立できるように努力することが第一であるが、同時に、地方を訪れる人びとが、地方の生活を本当に理解し、仲間として良き相談相手となるような、良い旅人になるような、そういう啓蒙が必要だと考えるようになったのである。自らが旅の中で学び、その得たものを伝書鳩のごとく旅を通じて広めることに努力して来た、すぐれた旅人としての実感から生れた帰結だったかと思う。『日本の宿』はそういう時期に執筆されたという点で、先生の生涯にいくつかあった劃期の一つを示すものであるといえる。

旅館の歴史を執筆して欲しいと言われて、「宿の歴史は早くから書いて見たいと思っていた……」と「あとがき」に記している。さりげなく書かれているのでひっかかることはないのだが、ここに先生の主張が明確にあらわされていると思う。ことあらたまって「宿」や「旅館」の定義はしていないけれども、それは本文を読むことによって何となく理解できるのではないだろうか。少なくとも「やど」＝「やどや」＝旅館―旅行者を宿泊させることを業とする家（広辞苑）という程度ではなく、ずっと広い範囲でとらえていることは確かである。若者宿や下宿、寄宿舎などまでを視野に含めながら、夫々の宿が持つ機能や果して来た役割の肯定的側面を取り上げ、それが単なる懐古にとどまらず、現在から将来に向けてのあるべき宿・旅館の方向を示す手掛りになるものであることを説いているところに本書の特色がある。まさに温故知新の書なのである。

『日本の宿』は宮本先生の民俗学的な態度と方法によって書かれた日本の宿の歴史である。という意味は古代や中世の旅や宿の事実を取り上げる場合でも、宮本先生がこれまでに行なって来た長い、多様な旅によって培われた確かな目と、実感によって整序されているからである。そのことが先生独得な平明な記述とあいまって読者に体温のような温まりを感じさせるものになっているし、本書をきわめてユニークな旅と宿の文化史にしているのである。

著者
宮本常一（みやもと・つねいち）
1907年、山口県周防大島生まれ。
大阪府立天王寺師範学校専攻科地理学専攻卒業。
民俗学者。
日本観光文化研究所所長、武蔵野美術大学教授、
日本常民文化研究所理事などを務める。
1981年没。同年勲三等瑞宝章。
著書：「日本人を考える」「忘れられた日本人」
「民具学の提唱」「日本文化の形成」
「庶民の旅」「山の道」「川の道」など。

本書は、昭和62年に「旅の民俗と歴史（全十巻）」の
第一巻として刊行された『日本の宿』の新版である。

日本の宿

2009年 7月25日　初版第1刷発行
2010年 5月25日　初版第2刷発行

著　者　宮 本 常 一
発行者　八 坂 立 人
印刷・製本　モリモト印刷(株)

発行所　(株)八 坂 書 房
〒101-0064　東京都千代田区猿楽町1-4-11
TEL.03-3293-7975　FAX.03-3293-7977
URL.: http://www.yasakashobo.co.jp

ISBN 978-4-89694-874-5